母が子に伝えたい大切なお金と社会の話

ファイナンシャルプランナー
小学校教諭免許状保有
櫻井かすみ［著］

Gakken

はじめに

——貯金ゼロ、投資詐欺被害、無職など散々お金に振り回されてきたからこそ言えます。

「子どもとお金の話をするのは、早いほうがいいのはなぜか？」

母たちは子どもたちにお金のことを聞かれて困っています

「ねぇねぇ、おうちにお金ってどのくらいあるの？」

「毎月いくらお金をもらっているの？」

「うちは貧乏？　お金持ち？　どっちなの？」

「お金ってどうやったらもらえるの？　増えるの？」


子どもたちから、このようなお金に関する無邪気な質問をされて困ったことはありませんか？　どうしよう？と、あたふたした記憶はありませんか？　親であればできるだけ子どもの気持ちに応えたく、良い回答をしたいけれども、どう答えていいかわからない……このように思っている方も多いのではないでしょうか。

子どもたちからこのような質問をされて、困ったり悩んだりした経験がある、あるいは現在進行形で悩んでいる方もいるかもしれません。多くの方は、「大切な我が子のために、愛する家族のためにも、正しい答えを知りたい」と熱心に勉強をし、それができることを願っている人も多いでしょう。

でも思いとは裏腹に、お金の話って大切なのはわかるけれども、「子どもにお金をいつ・どのように渡せばいい？　使わせたらいい？」「いつから、どのようにお金の話をしたらいいの？」「何が正解なのかわからず、自信がない」「尋ねられてもどのように伝えて良いかわからない」「できることであれば、聞いてきてほしくない……」こんな悩みが続出しています。

それも仕方がありません。**私たち大人世代は、学校で金融教育を受けてこなかった方がほとんどだから。**

日本で長年金融教育がなされてこなかった歴史の背景はいくつかありますが、主な要素として「高金利」が挙げられます。１９６０年代頃から約30年、金利が５％以上ついていた時代があります。つまり、お金の勉強をしなくても元本保証で勝手にどんどんお金が増えていた時代があったから、金融教育がされなかったと思われます。

なので、**大人がお金のことがわからなくて当たり前で、お子さんから尋ねられた際に戸惑っても当然**ということです。

でも実は、難しく考えすぎなくても大丈夫！　**お金の話は、日常の中で楽しく自然に伝えられるんです。**小難しい経済の話をしないといけないわけではありません。

とにかく人一倍お金に振り回された私だからこそ、伝えたいことがあります。お金の話を子どもにするのは早いほうがいい！ということです。

お金について知ることは、子どもの将来の自立や幸福にとって非常に重要。早い段階からお金の勉強を始めることで、社会に興味・関心を持ち、将来の選択肢を広げ、幸せな人生を送る土台を築くことにつなげられるからです。

幸せに近づくためのツールとしての「お金」とは？

最近では、国が「貯蓄→投資」へと促していることから、日本でも投資・資産運用が普及・浸透しています。２０２４年に新ＮＩＳＡ制度がスタートし、以前に比べて一層お金の話を人前ですることのハードルが下がっています。一方で、**お金を増やすことに目がい**

きすぎて、大事なことを見失っている風潮も否めません。

もちろん、お金は大事で生活を豊かにし、選択肢を増やす重要な道具です。ただ、「お金にとらわれる」ことによって、本来大切にすべきものを犠牲にしてしまう場合があります。例えば、お金を追い求めるにあたっての精神的な不安やストレスの増加、利害関係だけの付き合いや人との比較による人間関係の犠牲、お金を稼ぐことに集中しすぎることによる家族や友人との時間を削るという犠牲、お金を増やすことに集中しすぎるがゆえの社会貢献や思いやりの犠牲など、挙げればキリがありません。

このことは私自身、身をもって経験しています。離婚をしたのちに、貯金ゼロを2回、投資詐欺被害を3回経験。これらはいずれも、今から11年前に投資をスタートしてからの出来事。**お金を増やしたいと追い求めるあまり、趣味や娯楽はそっちのけ、とにかく運用額の増減にメンタルが左右されてしまう人生を送っていた時期もあります。**

「幸せに近づくためのお金」とは、単なる紙幣や数字の羅列ではなく、自分や周りの人を豊かにし、人生を充実させるための道具としての役割を果たすお金のことです。お金そのものが幸せを生むわけではありませんが、使い方や向き合い方次第で、幸せに近づく手助けをしてくれる一方で、人生を振り回してしまうこともあるのです。

２０２２年に高校の家庭科の授業で「金融教育」が導入され、資産を増やす意識は高まっています。

そもそも、なぜお金って必要なのでしょうか？　お金の役割は？　今まで考えたことはありますでしょうか？　答えは、「ＮＯ！」と答える方のほうが圧倒的に多いでしょう。

世の中の風潮として、資産を増やすことにフォーカスされていて、このような大切なことが置き去りになっているのではないか、という話です。「え、そんな綺麗《きれい》ごと言ってないで」という、お声も上がってきそうです。もちろん、生きていくため、生活していくためには「お金」は切っても切り離せないものです。

ただ、**「お金」が全てではなく、あればあるほど幸せになれることはありません。**

それなのに、私たちは「お金」に価値を感じすぎている傾向があります。「お金」は生活に欠かせない道具ですが、それ自体が幸せを保証するものではありません。

例えば今、目の前にあるお金の価値が、ゼロになった時を想像してみてください。今までそのお金を使って、ご飯を食べたり、服が買えたり、住む場所も確保できて生活を送ることができていました。欲しいと思ったものを、手に入れることができました。

このように普段、私たちが何気なく使っているお金がもし突然価値がなくなったとしたら、一体どのような気持ちになりますか？　どのような状態に陥りますか？　大切で価値があると信じていたものが、急にただの紙切れや金属になるということです。とてつもない恐怖と不安に襲われる、そんな人も多いのではないでしょうか。

過去には海外で、今まで使っていたお金がある日突然、「価値をほとんど失ってしまう」、こんな歴史を持った国があるのも事実です。お金を増やすことばかりに価値や幸せを感じてしまっているのであれば、一瞬にしてその常識が覆える時が来るかもしれないのです。

実際に、**お金に振り回されないためには何が必要なのでしょうか。**投資で良い銘柄・手法を探して資産額を増やすことではありません。人生においては、もっともっと大切なことがあるからです。

このことがわかると、**最終的に自分にとって本当の幸せに近づく、お金の付き合い方が理解できる**でしょう。本書では、お金や数字だけで左右されないよう、大事なことを見失わないよう、一緒に考えていくお手伝いをしたいと思います。

学校では教えてくれないお金の話をします

では、どのようにお金の教育を行っていけば良いのでしょうか。結論、**お金を通じて子どもを社会と触れさせる機会を増やすこと**です。子どもが着ている服や、使用している文房具、毎日のご飯……、こういったものでのお金のやり取りを通して行います。

「これを買うのにお金はどこから出ていると思う?」などと会話をするところからスタートでOKです。

「お金の勉強」というと、机に座って何か難しいことを教えないといけないというイメージがあるかもしれません。決してそうではなく、日常生活の中で取り入れることができる何気ない会話からで十分です。子どもの年齢にもよりますが、教えるのはほんの小さなことからで構いません。

というのも、日本は先進国と比較してもお金に関する知識が大きく不足しているといわれているから、そのくらいで十分なのです。2022年に金融広報中央委員会による金融リテラシー調査で、「金融知識に自信がある人」の割合が米国では71%と7割を超えているのに対し、日本は12%とわずか1割程度にとどまっていました(出典:金融広報中央委

員会 知るぽると「金融リテラシー調査2022年」の結果)。

今本書を手に取ってくださっている方で、もしかすると将来のお金の不安や、お子さんの教育費を含めたお金の心配を抱えていらっしゃる方もいるかもしれません。

でも、安心してください。**貯金ゼロから純資産1億円にできた元貧乏ママ&小学校教諭免許状を持つ私だからできる、子どもに伝えておきたいお金の話をします。**それは単なる「お金を稼ぐ」「資産運用で増やす」方法を教えることではなく、「お金をどう使い、どう管理し、どんな人生を築くのか」という本質を伝えることです。

私自身が貧乏からスタートし、貯金ゼロの状態から純資産1億円を築くまでに経験した、失敗から学んだことや葛藤や工夫、そして小学校教諭免許状を持つからこそできる子どもへの教育視点を活かし、次世代にお金の話をする大切さをお伝えします。

お金の教育は、子どもの人生に大きな影響を与える重要なテーマです。そして、**子どもたちに「お金の本質」や「幸せになる使い方」を伝えたい**と思っています。**お金に振り回されるのではなく、お金を味方につけて人とのつながりに感謝しながら幸せな人生を築く力**を一緒に育てていきましょう!

本書では、まずは第1章から第4章までで、今現在、直面していそうなお金にまつわるトピックに触れます。「おこづかいは何年生だといくら渡せばいいのか?」「お年玉をどう管理するべきか?」「ネットでいつでも何でも買えて、キャッシュレスになった現代のお金との上手な付き合い方は?」など。

そして第5章以降では、今後生きていく上でのお金と社会についてぜひ知っておきたいことをお伝えします。「お金とはそもそも何者なの?」「税金とは?」「投資とは?」「良い使い方と良くない使い方の違いは?」などなど。

最終的には、お金をやみくもに増やすのではなく、**「お金を通じて人生全般を幸せにするには?」という目標を叶える考え方や行動を、一緒に考えていくことにします。**

「自分の人生を主体的に生きるために、何が必要なの?」「どう変化していくの?」「より良い社会にするには?」「お金との関わり方は?」「知識は?」など、お子さん自身が単なる金融知識ではなく、行動力・選択力・決断力など子どもたちが生きていく上で必要不可欠な、主体的でたくましく生きていく力の構築にもつなげていけることを願って……。

2025年4月　櫻井かすみ

目次

第1章

今すぐどうにかしたい！「おこづかい」の額・タイミング・管理方法

第2章

これも即解決！
今起きているお金の「使い方」問題

CONTENTS

第3章

ホントは母だって教えてほしい……。ネットですぐ買えてキャッシュレスの今。お金との「正しい付き合い方」とは？

第4章

【実践編】親子の絆を深める「お金に強くなるワーク」

第5章

「お金」って、そもそも何者なの？ 何と答えるのが正解？

第6章 家庭のお金の流れを知ると生活が変わる！

CONTENTS

第8章

人生の三大支出「住宅費」「教育費」「老後資金」にどう備えるか

第9章

誤解だらけの「投資」を正しく理解する

投資で未来は明るくなるの？

CONTENTS

第10章

「お金と夢の羅針盤」

~成し遂げたいことは何？　未来をどう生きたい？

装丁デザイン　矢部あずさ（bitter design）
本文デザイン・DTP　荒木香樹（コウキデザイン）
イラスト　大原沙弥香
監　修　吉田　篤（シグマ）
校　正　豊福実和子

第1章

今すぐどうにかしたい！
「おこづかい」の額・タイミング・管理方法

¥ おこづかいは何歳から？

まず大前提として、**おこづかいを始める年齢に決まりはありません。お金に興味・関心を持ち、お金の概念がざっくり理解できるようになってきたら渡すタイミングだと考えます。**

一般的には、小学校入学前後が一つの目安だとされています。なぜならこの時期は、小学校で算数の授業が始まり、子どもの行動範囲が広がることで、お金の基本的な使い方や価値を理解し始める時期だからです。

ここで考えたいのは、おこづかいをあげる目的。おこづかいをあげるのは、子どもに「お金の使い方」「計画性」「価値観」を学んでもらうためです。単にお金を渡すだけではなく、子どもの発達や生活環境に合わせた方法を考えることが大切です。

子どもを心配するあまり、「勝手にたくさん使いすぎるといけないから、子どもにお金を渡すのに抵抗がある……」という声も聞こえてきます。しかし、使いすぎなどは**「失敗」だけに終わらず、「経験」や「学び」につながってきます。**私は子どもの頃のお金の失敗は、どんどんしたほうが良いと考えています。親の目の届く範囲内の失敗なので金額も少額ですし、何かあっても親がカバーできるからです。

このような幼い頃の失敗が、子ども自身の気づきや新しい発見につながります。そして、自分自身で自由に使えるお金であれば、自ら考えて真剣に使う場面も増えていくものです。

おこづかいは、いくらがいい？

「おこづかいはいくらが良いでしょうか？」これもよく聞かれる質問です。

結論、**子どもと一緒に金額を決める**とお伝えしています。子どもの年齢、家庭の経済状況、地域の物価、そして子どもの必要性に応じて親子で話し合って決めていただくことです。

あくまで目安でありますが、以下で子どもの年齢に基づく金額の目安を挙げてみました。少しアレンジした目安、さらに他の目安も載せています。知っておくとヒントになるトピックも盛り込みました。迷った際やお子さんと話し合って決める時に、参考にしてみてください。

本音を話すと金額はいくらでも良いと考えています。なぜなら、おこづかいは金額が最適かどうかというよりかは、**その金額に設定した理由や使い道を通じて、家庭内でお金の**

話をする機会が増えることが大きな目的であると考えるからです。

よく話しながら金額を決めていただくことで、**子どもはお金の価値や管理の仕方を学ぶ貴重な経験を得ることができます。**

子どもの年齢に基づく金額の目安

①幼児期（5～6歳）

- ●金額の目安：50～100円前後／回
- ・「お金を使う体験」を重視。
- ・渡し方：少額を少しずつ渡し、駄菓子やおもちゃを買う中でお金の基本的な使い方を教える。

②小学校低学年（1～3年生）

- ●金額の目安：100～500円／月
- ・小学1～3年生では、自分で考えて計画的にお金を使う力を育てる時期。
- ・子どもたち同士で遊ぶ機会が増える。
- ・参考：例えば「学年×100円」の月額を目安にする。小学2年生なら200円／月というように。

③小学校高学年（4〜6年生）

●金額の目安：400〜1000円／月

・自分でお金を把握・管理し、欲しいものを計画的に購入する練習を開始。

・習い事などで行動範囲が広がるため、少し多めに渡すことで交際費を含めた使い方を教える。

④中学生

●金額の目安：1000〜3000円／月

・中学生になるとさらに交友関係も広がり、公共交通機関を使った外出や部活の費用が増えるため、少し高めの金額を設定。

・参考：「学年×1000円」を目安にする。中学2年生なら2000円／月

⑤高校生

●金額の目安：3000〜5000円／月

・自立心を育てるため、部活動にかかる費用や部活費や外食代などを含めて「自己管理」の金額にすることも考える。

・アルバイトを始める場合は、収入に応じておこづかいを減額してもOK。

おこづかいの正解は？　定額？　その都度？　ＭＩＸ制？

自分でものを買うことは、子どもが自ら考えて選択したり、判断したりする機会につながります。おこづかいを自分で管理できるようになることは、生きる力を育むこととしても大事です。おこづかいの渡し方について「定額制」「その都度制」「ＭＩＸ制」の大きく3つの方法に分けられます。

結論、**どれが良いとか正解はありません。それぞれにメリットとデメリットがあり、どの方法が最適かは子どもの性格、家庭の方針、おこづかいを渡すことによって得たい目的によって異なります。**

それぞれの特徴を述べるので、ご家庭に合うものを選択する際の参考にしてみてください。

【1】定額制：毎週または毎月、決まった額を渡す方法

【特徴】

- 子どもが定期的に決まったお金を受け取れる方法。
- 頻度は「毎週」「毎月」「学年ごと」など、家庭によって調整可能。

【メリット】

1）計画性を育てられる

・子どもが「限られたお金で何を優先するか」を考える力を養える。

・予算内でやりくりするスキルが身につく。

2）親子間でルールが明確

・渡す日や金額が決まっているため、お金の管理がシンプル。

3）安定感がある

・子どもが安定した収入（おこづかい）を前提に計画を立てやすい。

【デメリット】

1）無駄遣いのリスク

・子どもがまとめて使い切ってしまい、次のおこづかい日まで困ることがある。

2）追加の要求がある場合も

・定額制でも「これだけじゃ足りない」とねだられることがある。

3）お金は簡単に手に入るものだと勘違いする可能性がある

・毎月など定期的に支給されるので、何もしなくてもお金がもらえるため、お金の価値を感じにくくなってしまうこともある。

【2】その都度制：必要な時やイベントのたびに渡す方法

【特徴】

● 子どもが欲しいものがある時や、特別な理由がある時にだけ渡す。

● おこづかいを渡さない家庭でよく採用される。

【メリット】

1） 必要性を考えさせられる

・子どもが「本当に必要か？」を考える機会を持てる。

2） 無駄遣いが少ない

・定期的に渡すお金がないため、無駄遣いのリスクが減る。

3） 親の管理が簡単

・定期的な支払いの負担がない。

【デメリット】

1） 計画性が育ちにくい

・子どもが定期的なお金の管理を経験できず、予算感覚を養いにくい。

2） 親子間で揉める可能性

・「本当に今必要か」「まだ早い」「今回は渡す、渡さない」など、親子で価値観が食い違うことがある。

3）親の負担が増える

- 毎回必要性を判断し、渡すか渡さないかの話し合いが必要。

【3】MIX制：定額制とその都度制を組み合わせる方法

定額制とその都度制を組み合わせることで、計画性と柔軟性を同時に育むことができます。この方法は、日常的な支出を管理しながら、特別な状況や必要性にも対応できる仕組みです。

①MIX制の基本構造

1）定額部分

- 毎月（または毎週）一定額を渡す：子どもが自分で管理する基礎的なお金。日常的な支出や計画的な貯金のために使う。
- 目的：計画性を養い、安定的にお金を管理する力を育てる。

〈例〉・小学生：１０００円／月　・中学生：１０００円／月

2）その都度部分

- 特別な支出に対応：定額ではカバーできない特別な理由がある時に、追加でお金を渡す。

■ 目的：柔軟性を持たせ、必要性や優先順位を考えさせる。

〈例〉・遠足のお菓子代：500円　・誕生日プレゼント代：1000円

②詳細な仕組みとルール設定

1）定額部分のルール

● 基準を明確にする：定額のおこづかいは、子どもが自由に使える範囲として渡す。

〈用途例〉お菓子、友だちと遊ぶための費用、小物の購入。

● 貯金や管理も含める：おこづかいの一部を貯金に回すルールを設定すると、計画的な管理能力が育つ。

〈例〉500円のうち100円は貯金箱に入れる。

2）その都度部分のルール

● 必要性を親子で話し合う：子どもが追加でお金を必要とする場合、その理由を説明させる。

● 特別なイベントや用途に限定する：追加で渡す基準を明確にする。

〈用途例〉

■ 遠足や修学旅行。

■ 誕生日プレゼントの購入。

・学校やクラブ活動の特別費用。

③MIX方式のメリット

1）定額制のメリットを活かす

- 安定した収入があることで、計画性を育てられる。
- 子どもが「自分で管理する」経験を積める。

2）その都度制の柔軟性を活用

- 特別な支出やイベントに対応できる。
- 子どもが「本当に必要か」を考え、優先順位を学ぶ機会になる。

3）親子のコミュニケーションが増える

- その都度相談する仕組みによって、親子でお金の価値や使い方について話し合える。

4）無駄遣いを防げる

- 特別な支出は親が確認するため、無駄遣いを抑制しやすい。

貯金はしなくてよいという考え

貯金は単なるお金の管理方法ではなく、子どもの未来を形作る大切な力です。親も一緒

に取り組み、楽しく教えることで、子どもが自主的にお金の価値を学べるようになります。

しかしながら、子どもにお金の管理を教える際、「貯金を強制する」よりも「自由に使わせて失敗を経験させる」ほうが効果的だという考え方があります。

現実社会では、将来に向けてお金を貯めておこう、資産運用で増やしておこう、と思われている人は多いと思います。ある調査によると、お年玉の使い道の65％は「貯金」という回答だったようです。もちろん、**貯めて増やすことも大切ですが、それではあまりにももったいなく思えてきます。**

どういうことかというと、**まとまった金額を子どもが手にしやすいお年玉などのイベントを活用して「お金の教育」ができる**ということです。具体的には、子ども自身にお年玉をゆだねて「お金の使い方」を、実践を通じて子ども自身が学ぶのです。そのことにより、「どのような使い方をすれば、幸せを感じるのか？」「人に喜んでもらえるのか？」を学び、お金の必要性や価値を子ども自身が理解できるようになります。

一方で、こんな心配も出てくるかもしれません。「親戚や大切な方から頂いたお金を、そんな簡単に渡してしまって良いものか？」「全部使って、なくなってしまったらどうしよう？」。こんな思いが頭をよぎることでしょう。

もちろん、お年玉を事前に「使う分」「貯める分」「増やす分」など3つに分けて、使う分だけを子どもに自由に使わせる、この考えでも良いと思います。

仮に全額渡して、子どもが全額使っても、私はそれでも良いと思います。「え？ なんて無責任なことを……」「かすみ先生、他人事じゃないですか!?」と思われた方もいるかもしれません。冗談でなくて、本気でそう思っています。

なぜなら、人は自分で経験し失敗を通じて学んでいくからです。これは、お金のことだけでなく、勉強、スポーツ、人生そのものがそうですよね。社会に出てから大きな失敗をしないように、小さな子どものうちから失敗を経験することが大事だと考えているからです。

ですので、将来のために貯金も大切ですが、子どもの考えで思うがままお年玉を使うという選択肢もあって良いと考えています。「これは、自分が心の奥底から本当に欲しかったものだった」「逆に、こっちはそこまで欲しくなかった」など、実感することができるからです。この経験をなるべく幼いうちにさせることをお勧めしています。

お年玉はいくらがいいの？　貯金？　すぐ使う？

お年玉は子どもにとって特別なお金であり、お金の価値や使い方を学ぶ良い機会です。金額や使い道は、家庭の価値観や子どもの年齢に応じて柔軟に決めることが重要です。基本的にはお子さんと話し合って金額を決めていただくことをお勧めしていますが、年齢別ごとの目安や「貯金」と「使う」のバランスを取る方法について解説していきます。

【1】お年玉の金額の目安

お年玉の金額は、子どもの年齢や家族間の慣習に影響されます。以下は一般的な目安です。

金額を決める際のポイント

- 家庭の経済状況を優先：無理のない範囲で決める。他の家庭との比較は不要。
- 子どもたちが理解できる統一したルールを作る。

学年別の金額例

- 未就学児：５００～１０００円

●小学校低学年：1000〜3000円
●小学校高学年：3000〜5000円
●中学生：5000円
●高校生：1万〜2万円
（※出典：東京スター銀行「お年玉の相場はいくら？年齢別の金額とマナー、使い道を紹介」）

【2】お年玉の使い道：貯金vs.使う

先程述べたように「全て使う」でも良いと考えています。もちろんお金を使った後の振り返りは大事ですが。

一方で、バランス良く使い分けたい方もいらっしゃると思うので、そういう方向けに目安をご紹介します。使い分けにしたい場合、**「使う・貯める・増やす」をバランス良く組み合わせるのが理想的**です。

①基本の使い分けルール

●使う：50%

・子どもが自由に使えるお金。お年玉の楽しみとして、欲しいものを買う体験をさせる。

● 貯める：30％
・将来のために貯金し、計画的に使う感覚を教える。
● 増やす：20％
・数字を把握し計算ができるようになれば、お年玉の一部を使って投資を教えるのも効果的。数百円から買える投資信託の購入なら、ハードルが低い。投資のリスクとリターンを親子で話し合うと、とても勉強になる！

② **具体例**

● 1万円のお年玉の場合：
・使う：5000円→好きなおもちゃやゲーム。
・貯める：3000円→貯金箱や子ども名義の口座。
・増やす：2000円→投資信託などで資産運用。

【3】親が心がけるポイント

① **金額や使い道に一貫性を持つ**

● 家族間でお年玉のルールを共有し、一貫性を保つ。ただし、話し合ってその都度変更をしていくことはあり。

②お金の話をオープンにする

●お年玉をきっかけに、家庭のお金の話を親子で話し合う時間を持つ。

例1）「お年玉を何に使うか決めているの？」

例2）「将来、どんなことにお金を使いたい？」

例3）「どんな使い方が幸せ？　ワクワクする？」

③自分の価値観を押し付けずに振り返る

●子どもの選択を尊重しつつ、解決策や次回の提案などはフォローを加える。

例1）「全て欲しいものは買ったけれども、その中でお気に入りのものはいくつあったかな？」

例2）「そのおもちゃ、すごく欲しかったんだね。買ってみてどうだった？」

例3）「次は、もっと欲しいものをじっくり選んで買うのもいいね。そのために少しずつお金を貯めるのはどうかな？」

お年玉は単なるプレゼントではなく、子どもにとってまとまった金額に触れられる嬉しい絶好の機会です。お金の使い方で、子どもの価値観に触れることができます。

ところが、コミュニケーションエラーが生じると、「親がお年玉を取った……」と、受け取られてしまうこともあるので注意が必要です。
バランス良く分けて管理することで、計画性、自立心、そしてお金を賢く使う力を育むことができます。お年玉を活用して、子どもとお金について話す機会にしてみましょう。

おこづかい帳はメリットだらけ！　でも強制はNG

おこづかい帳をつけることは、非常に有益でお勧めしています。親子でコミュニケーションを取り、お金を使った後の振り返りや感情に向き合えるからです。**自然と家庭でお金の話をする機会につながってきます。**

そして、お金の使い方を把握することもできるので、**金銭感覚や計画性を育てる大切なツールとなります。**子どもの性格や年齢、教育の目的によって必要性や取り入れ方が異なってくるので、できることであれば親も一緒に見てあげていただきたいです。

ただし、親が「～しなさい！」と**子どもに無理強いしてやらせるのであれば、つけないほうが良いでしょう。**強制にしてしまうと、お金自体と向き合いたくなくなるし、苦手意識を持つことにもなってしまうからです。おこづかい帳をつけるのが面倒や苦手だからと、お金のことが嫌いになってしまっては本末転倒です。

楽しみながらトライしていただけたらと思います。具体的におこづかい帳をつけるメリットや工夫、継続するコツなどを以下でご紹介していきます。

【1】おこづかい帳をつけるメリット

おこづかいを支給すると決めたら、そのタイミングでおこづかい帳をつけましょう。「わざわざおこづかい帳ですか⁉ 面倒だな」と思われる方もいらっしゃるかもしれません。私たち大人でさえも、家計簿をつけるのに長続きせずに苦手意識を持たれている方もいらっしゃるかもしれません。その気持ちとてもわかります。何を隠そう、私自身が家計簿に何度も挫折してきたからです。

ただ、**お金に興味・関心を持ち、流れを把握するにはもってこい**です。具体的にメリットをご紹介していきます。

①お金の流れを「見える化」できる

● 自分がどれだけのお金を持っているか、何に使ったかを視覚的に把握できる。

● 学び：収入（おこづかい）と支出の関係を理解しやすくなる。

②無駄遣いに気づける

●「お菓子ばかりに使いすぎた」など、自分の使い方を振り返る習慣がつく。

●学び：お金の優先順位を考える力が育つ。

③計画性を身につけられる

●次のおこづかい日までに残りのお金でやりくりする力が育つ。

●学び：予算を立て、必要なものを計画的に購入する感覚が身につく。

④数字の扱いに慣れる

●支出や残高を計算することで、数字や簡単な計算に慣れる。

●学び：お金を通じて算数的な思考力を養える。

⑤自己管理能力が向上する

●自分でお金の記録をつける習慣がつくことで、自立心が育まれる。

●学び：お金の管理を通じて、責任感がつき自己管理能力が向上。

【2】学年ごとのおこづかい帳への向き合い方

私としては、まずはお金を使う体験をすることが何より大事なので、そこからスタートすることを推奨しています。おこづかい帳をつけるのは、その先のこと。そして、最初からルールを細かく設定すると続けにくく挫折しやすいので、次第に詳しくしたり、自己流にアレンジしていったりすればいいと思っています。

以上を踏まえたのがこちらですが、あくまで目安程度にとどめてください。

①未就学児：不要。お金を使う体験をまずは積んでみる。
②小学校低学年：簡単な記録程度で。親がしっかりサポートする。
③小学校高学年：定期的に記録する習慣を身につける。
④中学生以上：いつ・どのくらい使うのか・貯めるのかなどを意識して、計画的につけていく。

【3】おこづかい帳を楽しく続ける工夫

「さぁ、張り切って家計簿をつけよう！と思ってもなかなか続かない」「何度もチャレンジしようと思っても、いつの間にか気づいたら忘れている……」、そんな経験ありませんか？「大人でもこんな状況なのに、子どもに教えるなんて無理……」そんな方もいらっしゃるのではないでしょうか。

そこで楽しく継続できるコツをお伝えしていきます！これを機にお子さんと一緒にトライしてみてください。

①シンプルに始める

●最初は「収入」「支出」「残高」の3つだけを記録する簡単な形式にする。

例）▪収入：500円（おこづかい）▪支出：300円（お菓子）▪残高：200円

②子どもに合った形式を選ぶ

▪手書きタイプ：ノートや市販のおこづかい帳。

▪アプリタイプ：子ども向けの家計簿アプリ（ゲーム感覚で楽しめるもの）。

▪オリジナルタイプ：親子で作ったオリジナルフォーマット。

③達成感を与える仕組み

●シールやスタンプを使って、記録をつけるたびに褒《ほ》めたりご褒美《ほうび》を設定したりする。

例）「1週間記録をつけられたら、シールを貼ろうね！」

④成長に合わせて記録内容を増やす

●小さい頃は簡単な記録から始め、成長に応じて「使った理由」「振り返って思ったこと」などを追加。

●ミスは責めない。記録を間違えても、「次はこうしよう」と優しくサポートする。

⑤振り返りを親子で行う

●「どのくらい貯まった？」などのポジティブな質問をして、記録をつける楽しさを感じさせる。
例1）「この月はお菓子にたくさん使ったね。どんな気持ちになった？」
例2）「今欲しいものはある？　じゃあ、次は○○を買うために貯めてみようか」

「おこづかい帳＝ただの記録」ではなく、「何に使ったのか？」を振り返ることがポイント。どんなことでもそうですが、無理せず継続することが重要です。

おこづかい帳をつけるのが苦痛となるくらいなら、つけないほうが良いです。あるいは、レシートを貼るだけでもいいと考えています。

おこづい帳を「お金のことについて考えるツール」にすることで、お子さん自身のお金の管理力が育つことにつながるでしょう。

親子の絆《きずな》を深める「おこづかい帳」を使いこなそう！

おこづかい帳は、子どもにお金の価値がどうなっているのか、理解させられる効果があると考えています。ただ単にお金の管理をするだけでなく、子どもの成長を支えるツールでもあります。

とはいえ、何事もそうだと思いますが、目的や目標がないと長続きしません。お金のことも同様です。子どもにおこづかい帳を通じて、お金のことを考えてほしいのであれば、日頃から親子でコミュニケーションを取っておく必要があります。

親子で一緒に活用することで、お金について話し合う機会が増え、お金の使い方や貯め方の価値観が共有できます。さらには親子がお互いのことを深く知る機会につながったり、一緒に考える経験も増えたりします。

お金の話を通じて人生や社会の話もできて、結果的に親子の絆を深めることができるのです。

以下で、親子で楽しみながらおこづかい帳を使う方法と、記録するべき項目についてご紹介していきます。

おこづかい帳に記録する項目

【項目1】「増減した日付」「金額」

- やること：おこづかいが増えたり減ったりした時の金額を記録する。
- 目的：自分のお金の使い道を把握し、管理する力を育てる。

【項目2】［内容］

・やること：購入したものを記入する。

・目的：何を買ったのかを可視化して、一覧で把握するためにつける。

【項目3】「満足度」「ひとことメモ」

・やること：なぜそのお金を使ったのか、どのように役立ったのかを書き留める。

・目的：子どもがお金を使う価値や目的を考える習慣を身につける。

●学び＆次回の計画

・やること：子どもが欲しいものをリストに書き出し、それを購入するためにいくら必要かを考えさせる。

・目的：子どもが目標を持って貯金する意欲を高める。物欲を整理し、本当に欲しいものを見極める力を育てる。将来的にお金の使い方の優先順位を考える力を養う。

図1　おこづかい帳の記入例

おこづかいちょう

なまえ

月／日	内容	入ったお金	使ったお金	残りのお金	満足度	ひとことメモ
6／17	お菓子		200	3100	★☆☆	ガムだったら もっと長く楽しめた
6／24	文房具		500	2600	★★★	ほしいのがそろってた。 お店選びも大事！
7／1	おこづかい	600		3200	★★☆	習い事が増えたから、 100円アップしたい
7／3	友だちへのプレゼント		1500	1700	★★☆	1つ小さい1200円の でもよかった
／					☆☆☆	
／					☆☆☆	
／					☆☆☆	

月／日	内容	入ったお金	使ったお金	残りのお金	満足度	ひとことメモ
／					☆☆☆	
／					☆☆☆	
／					☆☆☆	
／					☆☆☆	
／					☆☆☆	
／					☆☆☆	
／					☆☆☆	

おこづかい帳のフォーマットは、
下記からダウンロードできます。ぜひご活用ください！

これも即解決！

今起きているお金の「使い方」問題

お金はいつ・どんな時に使ったらいいの？

お金のことを考える時には、「使い方」「貯め方」「増やし方」という切り口で考えることができます。**この中で一番大事で最初に考えてほしいのは「使い方」**です。

節約や貯金、投資など、自分のお金を守ったり増やしたりするのは大切なこと。しかし、**お金を使うことは生きていく上で誰しもが必ず経験するから**です。

お金を何に使うかは、その人の「生き方を映す鏡」だといわれたりします。だからこそ、自分にとって心地よい使い方をすると、お金の価値はより高まり幸福につながっていくのです。

そして、子どもにお金の使い方を教える際、「お金は自由に使えるけど、使う時にはルールや考え方を持つことが大切だ」という意識を育てることが重要です。具体的なルールや教え方として、子どもが「お金を使うべき時」と「使わないほうがいい時」を理解する方法などを、本章ではご紹介していきます。

お金を使う前に考えるべき3つの質問

①「本当に必要なもの？」

欲しいものと必要なものを区別する習慣をつけます。子どもに「本当に必要なものかどうか」を考えさせるのは、健全なお金の使い方を身につけるために非常に重要です。ただし、直接「必要じゃないでしょ？」と否定するのではなく、対話形式で考えさせましょう。

〈伝え方の例〉

「今すぐ必要なものかな？ それとも、もう少し待てるものかな？」

「これを買う代わりに、家にあるもので何か工夫できるかな？」

「これが手に入らなかったら、代わりにできることはあるかな？」

②「お金を使わない別の方法はない？」

お金を使う以外の解決策を考える癖をつけます。お金を使うことが第一選択肢ではなく、工夫や代替案を考える力を育てることは、子どもが賢いお金の使い方を学ぶ上で重要です。お金を使わずに目標を達成できる方法を一緒に考えることで、子どもの創造力や問題解決力を引き出しましょう。

〈伝え方の例〉

「それって、図書館で借りられる本かもしれないね」

「お金を使う以外に、それを手に入れる方法ってあると思う?」

「お金を使わずに工夫したら、もっと楽しくなるかもよ! どうやったら実現できる?」

③「使ってから後悔しない?」

お金を使った結果、自分が満足するかを考えます。子どもにお金を使う時に「後悔しないかな?」と考えさせることは、計画性や判断力を育てる重要な教育の一環です。

今本当に必要なのかが腑《ふ》に落ちない場合は、いったん保留することで衝動買いを防ぐ習慣が身につきます。

ただし、押しつける形にならないよう、質問や会話の形で伝えます。

〈伝え方の例〉

「後で『買わなければ良かった』と思わないかな?」

「これを買ったら、どのくらい使うと思う?」

「今これを買うと、後で欲しいものが出てきた時にお金が足りなくなるかもしれないけど、それでもいいかな?」

お金の使い方を教える実践的な方法

①小さな失敗を許容する

お金の使い方を学ぶ過程で、小さな失敗を経験することは、子どもの成長にとって重要です。実際にお金を使って失敗することで、理屈だけでは学べないリアルな感覚が得られ、お金を使うことの重みや責任を感じます。このような小さい頃のお金の失敗は、まだ取返しがつきやすく、子どものうちにリスクを知ることで大きな学びにつながります。

〈伝え方の例〉

「今回の使い方は、満足できた？　どんな気持ちになった？」

「全部使い切ってしまったけど、今の気持ちはどうかな？　次からどうする？」

②3つの貯金箱を使う

「使う」「貯める」「人のため」の3つに分けて管理させます。

- 使う用：自由に使えるお金。
- 貯める用：将来の目標のためのお金。
- 人のため用：プレゼントや寄付のためのお金。

③目標を設定する

- 「長く使えるもの」「生活や成長に必要なもの」「他人を喜ばせるもの」に使うのが大事、

などと教えます。

■貯金なら、目標の立て方も教える。

例）「3か月で1000円貯めて新しいおもちゃを買おう」

④一緒に振り返る

使った後に、「何を買った？　満足している？」と話し合う時間を作ります。失敗を許容する環境があると、子どもはお金を使うことへの恐れを抱かず、積極的に挑戦できるようになります。

〈振り返りの例〉

■「このお菓子、美味しかった？　また買いたい？」と聞く。

■批判することなく「どうしてそうなったのか？」「次はどうしたらいいのか？」を一緒に考える。

■失敗を「学びのチャンス」として認め、「よく挑戦したね！」と伝えることでポジティブに受け止める。

お金を使うことは、ただものを買うための行為ではありません。自分の価値観や目標を理解し、人生をより豊かにするための大切な経験です。最終的には、**人生の選択肢を広げ、**

心地よい生活を築くための方法が学べます。

価値観を深め、自分も他人も幸せにし、未来への可能性を広げる力につながります。親子でお金について自由に使い方を選びながらも、振り返る時間を持つことで、より良い豊かな人生を築くサポートをしていきましょう。

¥ 友だちとお金の使い方が違う時は、どう説明したらいいの？

成長の過程で、子どもが友だちとお金の使い方の違いに気づいた時、困ったり悩んだりすることは自然なことです。そして、子どもは戸惑ったり自分の考えに自信が持てなくなったりすることがあります。

まず親としては、**「お金の使い方は人それぞれ違って良い」**という考え方を尊重することです。一人一人、好きな食べ物、色、服、キャラクター、音楽、趣味などが違うように、お金の使い方も人それぞれ違うのが当たり前で違って良いことです。

つまり、**お金の使い方に正解・不正解はなく、自分の考えで取捨選択していくことが大切**だということを伝えていきましょう。具体的に伝え方の例などを用いながら、ご紹介していきます。

お金の使い方が違う理由を伝える

①人それぞれ価値観が違うことを教える

お金をどのように使うかは「何を大事に思うか」で決まることを伝えます。人それぞれ価値観が違うことを子どもに伝えることで、多様な考え方や生き方を尊重する姿勢を育むことができます。このことにより、子どもは自分の価値観に自信を持ちながら、他者との違いを受け入れ、豊かな人間関係を築く力を身につけます。

〈伝え方の例〉

「友だちはお菓子を買うのが好きだけど、あなたはゲームが好きだよね。それぞれ大切に思うものが違うだけなんだよ」

「みんな好きなことが違うから、お金の使い方も変わってくるんだよ」

②家庭ごとのルールが違うことを教える

家庭の価値観やお金のルールが影響していることを説明します。

お金の使い方に正解はありません。仮に、「○○ちゃんのおうちでは××だよ！」とか「みんな○○しているよ！」というワードが飛び交ったとしましょう。

でもそこで「人は人、うちはうち」でばっさり切るのではなく、「どうしてそう思ったのか？」「自分はどうして欲しいのか？」をほんの数分短い時間で構わないので、じっくり聞いてあげてください。

「友だちが○○しているから〜」という理由ではなく、「自分はどうしたいのか？」「このお金をどのように使いたいのか？」を考え、意見を伝える力を養ってほしいからです。自ら考えを巡らせることで、子どもが自分の価値観を見つけ、成長する良い機会になります。

〈伝え方の例〉

「うちではお金を貯めることを大事にしているけど、友だちの家では自由に使っていいっていう考えなんだね」

「お金のルールはそれぞれの家で違うから、自分の家のルールを大事にすればいいよ」

子どもの考えを肯定する

①自分の使い方に自信を持たせる

成功体験や振り返りを通じて「自分で考えて決めたことが良かった」と感じさせることが大切です。親が適切な声かけやサポートをすることで、子どもが自分の選択に迷った時、「あなたの考え方は間違っていないよ」と安心させてあげてください。

〈伝え方の例〉

「あなたはお菓子じゃなくて、新しい文房具にお金を使うって決めたんだね。それは素敵な選択だよ！」

「自分で考えて買った〇〇、とてもいい選択だったね」

「このおもちゃ、すごく楽しそうに遊んでいるね。買えて良かったね！」

「お金の使い方に正解はないから、自分が大事だと思うものを選んでいいんだよ」

②違いをポジティブに捉える

子どもに「違い」をポジティブに捉えさせることは、多様性を受け入れる力や他者を尊重する心を育むために重要です。違いをネガティブに捉えるのではなく、「だからこそ面白い」「それぞれに良さがある」と伝えることで、お金の使い方の違いを受容することにつながります。

〈伝え方の例〉

「友だちが何を大事にしているのか知るのも楽しいよね。お互いに違うところを学べるんだよ」

「あなたが大事にしているものも、友だちに話してみたら面白がってくれるかも」

「もし、別の選び方をしても、きっと素敵な使い方になるよ」

親子で考える時間を持つ

①親も自分の使い方を話す

親子でお金について考える時間を持つことで、子どもが健全な金銭感覚や価値観を育むきっかけになります。この時間は、単なるお金の話だけでなく、親子の絆を深め、価値観を共有する貴重な機会にもなります。そして、親が自分のお金の使い方について話すことで、子どもが多様性を理解しやすくなります。

〈話し方の例〉

「パパは新しい本にお金を使うのが好きだけど、ママは旅行に使うのが好きだよ」

②お金の使い方をシミュレーションする

お金の使い方を親子でシミュレーションすることで、子どもは金銭感覚や価値観を学び、自分で考えて選択する力を育てることができます。日常の具体的なシチュエーションを用いることで、楽しく学べる時間を作りましょう。「もしこんな時はどうする？」と具体的な状況を一緒に考えていきましょう。

〈シミュレーションの例〉

「もし友だちが『一緒にお菓子を買おう』って言ったらどうする？」

「この金額でどのくらい楽しめるかな？」

「お金を使う時に何を優先するか考えた？」

お金の貸し借りは絶対ダメ！　それって、なんで？

皆さん、こんな経験はありませんでしょうか？　飲み会やランチ、友だちと一緒に出かけた際に、「ちょっと○○円貸してくれない？」「立て替えてくれない？」「すぐ後で返すから！」こんな会話が繰り広げられ、貸し借りをした経験がある人もいるかもしれません。

最近は、電子マネーが普及していることから、「ＰａｙＰａｙ（ペイペイ）で返すから」といったように、キャッシュレスでお金のやり取りができます。以前と比べて、お金の貸し借りのハードルが下がっているかもしれません。

しかし、お金の貸し借りは親しい友人だとしても、できるだけ避けたほうが良いです。**友だちと良好な関係を続けていきたいのであれば、「お金の貸し借りはしない」は鉄則**です。

その理由などをご紹介していくとともに、**子どもにも「なぜダメなのか」をきちんと理解させることが重要**です。理解することで、将来発生するかもしれないトラブルを未然に防ぎ、健全なお金との付き合い方を身につけることができます。

お金の貸し借りがダメな理由

①貸す側・借りる側、どちらもトラブルが起きやすい

●貸す側の問題

・お金を返してもらえない場合、相手との関係が悪化する可能性がある。

・相手に対して「いつ返してもらえるだろうか?」という不安やストレスを抱える。

●借りる側の問題

・お金を返せなかった場合、申し訳なさや負い目を感じてしまう。

・「また借りればいい」という安易な考えが癖になる。

②友情や人間関係が壊れる可能性がある

●お金の貸し借りは、感情的なトラブルを招きやすく、特に友だちや家族との関係を壊す原因になりがち。

③貸し借りのルールが曖昧《あいまい》になりやすい

●子ども同士で「いつ返すか」「どうやって返すか」といった返済方法・返済期限などをしっかり決めるのは難しいこと。結果として、返済が曖昧になり、トラブルが深刻化するケースがある。

④金銭感覚が歪む可能性がある

●**貸す側**：簡単に貸してしまい、自分のお金を大切にしなくなる。

●**借りる側**：必要以上にお金を使い、計画性がなくなる。

⑤借りる癖がつくリスク

●小さい頃から貸し借りを繰り返すと、「困った時は借りればいい」という考え方が習慣化する可能性がある。

子どもが友だちから「貸して」と言われた時の対応方法

①丁寧に断る練習をさせる

●断り方の決まったセリフを教える。

例1）「ごめんね。うちはお金を貸し借りしないって決めているんだ」

例2）「お金は自分で使うものって言われているから、貸せないんだ」

②トラブルを避けるための代案を考える

●お金を貸さずに助ける方法を一緒に考える。

例）「一緒に考えよう！　どうしたらいいか、他の方法を探してみよう」

これはお金に振り回されてきた私が、身に染みて感じていることです。人生の中では、様々な人に出会うことでしょう。全員が良い人ばかりではなく、極々わずかであると思いますが、お金の貸し借りや良くない話を持ちかけてくる人もいることを念頭に置いておかなければなりません。

「金の切れ目が縁の切れ目」ということわざがあるように、お金が人間関係に与える影響が大きいことは、ここからもおわかりいただけると思います。ですので、大切な我が子がお金で苦しまないよう、幼いうちからこの概念を知っておく必要があります。

いくら親しい友人だとしても、「貸し借りはしないこと」「万が一貸すとしても、あげるつもりで」。このくらいの気持ちで良いです。繰り返しになりますが、**人間関係とお金は一切絡めてはいけない**ことをお伝えしておきます。

おもちゃ、お菓子、勉強道具……。買うタイミングは？

スーパーやショッピングモールに行った時に、おもちゃをおねだりされて、ついつい購入というパターンに心当たりはありませんか？　どこの家庭も一緒で、同様の悩みを抱えてこのような経験をしています。

おもちゃは、子どもにとっての楽しみや成長の一部ですが（頭の体操になるものもあるので）、買い与えすぎると感謝の気持ちや計画性が育ちにくくなることもあります。子どもが健全な金銭感覚を身につけ、満足感を得られるような購入のタイミングを考えることが大切です。

考えは家庭によって違いますが、タイミングと、それについて子どもへどう教えるかを以下で解説します。ぜひ参考にしてみてください。

タイミングの目安

●特別なイベントの時

・誕生日、クリスマス、入学祝いなどの節目で買う。

・理由：特別な日として記憶に残り、感謝の気持ちが育つ。

●目標を達成した時

・貯金や頑張り（テスト、家の手伝い）へのご褒美として買う。

・理由：努力の結果としての報酬を通じて、ものの価値を感じる。

●壊れた時や成長に必要な時

・遊びの発展や学びに必要な場合に買い足す。

例）「ブロックが足りないから、新しいセットを買い足そう」

「買う」を選択した際、どこまでが子どものお金で?どこからが親のお金で?

子どものお金と親のお金を分けることは、子どもの金銭感覚を育てるために非常に重要です。

おもちゃやお菓子、勉強道具など「買う」を選択した際、費用を「子どものお金」か「親のお金」にするかは、子どもの年齢、家庭の教育方針、お金を通じて何を教えたいのかによって異なります。

明確なルールを設定することで、**子どもが「自分のお金に責任を持つ」習慣を身につけると同時に、親子間の金銭トラブルを防ぐことができます。**子どもの金銭教育を意識した上での分け方の基準と考え方をご紹介します。

分け方の基本的な考え方

①「子どもの欲しいもの」か「必要なもの」かで分ける

●欲しいもの⇒子どものお金で

- 子どもが自分の判断で「楽しみや欲求のため」に買うもの。

例）おもちゃ、ゲーム、特別なお菓子、趣味のアイテム。

● **必要なもの⇒親のお金で**

- 子どもの成長や生活に必須なもの。金額的に子どもが実行できない支出。

例）学校の教材、基本的な文房具、服、必要な食べ物。

②年齢と責任感に応じて段階的に移行する

● 小さい頃は親が必要なものを全て負担し、欲しいものの一部を子どもに任せる。

● 年齢が上がるにつれて、子どもに責任を持たせ、自由に使えるお金と必要なものを買う役割を増やしていく。

子どものお金で買うもの：自由に任せる範囲

①おもちゃ

● **原則**

- 基本的には子どものお金で購入。

● **目的**

- 欲しいおもちゃを自分で選び、貯金やお金の計画性を学ぶ。
- 「全部使ってしまったけど、次のおこづかいまで待つ」という体験を通じてお金の価値を学ぶ。

● **親が負担する場合**

- 誕生日や特別なイベントでのプレゼントとして。
- 高価なもの（例：自転車など）は、一部だけ子どもに負担させる方法もあり。

②お菓子

● **分け方のポイント**

- 日常の食事の一部：親のお金。

例）家でのお菓子や、基本的な食費に含まれるお菓子。

- 特別なお菓子：子どものお金。

例）駄菓子屋さんでのお菓子や、友だちと食べるための特別なお菓子。

③文房具や勉強道具

● **基本的なもの⇒親のお金で**

- 必要な文房具や教材、制服など、学校や勉強に必要なものは親が負担。

例）ノート、鉛筆、教科書、リュックなど。

● **特別なもの⇒子どものお金で**

- 高価なものや、子どもの好みで選んだアイテム。

例）キャラクター付き文房具、特別なペンケース。

親のお金で負担するもの：教育・生活に必須な範囲

①教育関連

- 学校の授業料、教材費、塾代、習い事の費用は親が負担するのが一般的。
- ただし、特別な教材や趣味に近いものは一部、子どもに負担させても良い。

②衣類や靴

- 必要な服や靴：基本的には親が負担。

例）制服、季節ごとの衣類、運動靴。

③食費

- 食事としての基本的な食べ物：親のお金。
- 嗜好品や追加で欲しいもの：子どものお金。

子どものお金と親のお金の境界を決めるルール

①ルールを明確にする

- 親と子どもで「どこまでが自分のお金で買うものか」を話し合い、ルールを設定する。

例1）「おもちゃは自分のお金で。お菓子は家で食べる分だから、こっち（親）が負担するけど」

例2）「文房具は必要なものは買ってあげるけど、キャラクター付きは自分で買ってね」

②子どもが判断できる範囲を広げる

●子どもの年齢に応じて、子どもの負担分は少しずつ自由に使える範囲を広げる。

▪小学生低学年：お菓子やおもちゃ。

▪小学生高学年〜中学生：一部の文房具や趣味のものも含める。

③必要なものと欲しいものを区別させる

●子どもと一緒に、「これは〝必要〟だから親が負担するもの」「これは〝欲しい〟から自分で買うもの」と考える習慣をつける。

このような話をしていても、実行が難しいと思われる方もいらっしゃるかもしれません。でも、「やっぱりお金のセンスがない……」「自分には難しい……」、こんな言葉が頭をよぎった方でもご安心ください。正解はありませんが、基本的にはシンプルですから。「生活に必要なものは親が負担する」「個人の楽しみは子どもが負担する」など、親子で一緒にルールを明確にし、子どもに選択・判断させることがポイントです。親子で話し合いながら、お金の管理力を育んでいきましょう。

子どもにお金の管理をさせたいけど、どうしたらいいの？

これから大人になる子どもたちにとって、「お金の管理」ができることは大切です。子どものうちからお金の管理の基本を学ぶことは、世の中について興味・関心を持つことにつながってきます。

お金の管理は、単なる「おこづかい」のやりくりだけではありません。お金の価値や大切さを学び、将来の金銭感覚や責任感を育てるために重要なステップです。

子どもが楽しみながら、お金の管理ができる方法と具体的なステップをご紹介していきます。

子どもにお金を管理させる具体的な方法

①おこづかい制を導入する

● 毎月または毎週、一定額を渡して計画的な管理を経験させます。

- 金額は年齢や目的に応じて調整する。

例）目安として、小学生の場合は学年×100円など（p30〜31参照）。

②3つの貯金箱を活用

●お金を「使う」「貯める」「寄付や誰かのため」の3つに分けて管理させます。

- **使う用**：日常的に使うお金（お菓子やおもちゃ）。
- **貯める用**：将来の大きな目標のためのお金。
- **人のため用**：他の人を助けたり、感謝を示すためのお金。

③おこづかい帳をつけさせる

●収入と支出を記録する習慣をつけることで、残高や使い道を把握できます。簡単な形式から始めてみるといいでしょう。一例としては、

収入：500円（おこづかい）／支出：200円（お菓子）／残高：300円（例としてはp52を参照）。

④目標を設定させる

欲しいものや達成したい目標を決め、そのためにお金を貯める計画を立てさせます。

例1）2000円貯めて、欲しいゲームを買う。

例2）友だちの誕生日プレゼントを買うために300円貯める。

お金の使い方を学ばせる工夫

①自分で買い物をさせる

●親が代わりに払うのではなく、自分のお金で買い物をさせることで、お金の重みを感じさせます。

例）「お菓子を自分のお金で買ってみよう。おつりが合っているか確認してね」

②失敗を許容する

●子どもがお金を使い切ったり、無駄遣いしたりしても、責めずに振り返りを促します。

例）「今はどんな気持ちかな？　次はどうすればいい？」

③振り返りをする、「使う前に考える」を教える

親子で振り返りを行い、お金を使う前に何に使うか考える習慣を身につけさせます。

〈質問例〉「これは本当に必要かな？」「家に似たようなものはないかな？」「次にもっと欲しいものが出てきたらどうする？」「前回買った〇〇は今どうなっている？」「お金が足りなくなったらどうする？」

子どもに「使う前に考える」習慣を身につけさせるには、**親が一緒に考える姿勢を見せ、押し付けずに対話を通じて判断力を育むことが大切**です。

質問を通じて、子どもが自分自身で選択の理由や結果を振り返る時間を持つことで、健全な金銭感覚が育ちます。親子で楽しく話し合いながら、お金の使い方を学ぶ機会を増やしていきましょう。

子どもが楽しく学べる工夫

①成長が見える仕組みを作る

●貯まったお金をグラフやシールで視覚化し、継続できる仕組みを作る。

例1）「100円貯まったら、このシールを貼ろう！」

例2）「1000円貯まったら、次のシートに進もう」

②成功体験を与える

●お金の管理を続けられたら、「できた！」という達成感を感じられる仕組みを作る。

例1）「1週間おこづかい帳をつけられたら、自分自身を褒めてあげよう」

例2）「1か月継続できたら、○○しよう」

③ゲーム感覚で取り組む

●家庭内で「お金の使い方チャレンジ」を設定し、楽しく学べる環境を作る。

例）「1週間を500円以内でやりくりできたらご褒美！」

今の生活で教えたい。お金でできることは？　できないことは？

現代社会を生き抜くためには、「お金」は必要。お金は社会の「血液」ともいわれ、私たちの生活に欠かせないツールです。

しかし、お金は万能ではありません。それなのに私たちは、お金を過信しすぎている傾向があります。お金にはものすごく強いパワーがあって、お金があればたいていのものは手に入るのだと。

だけれども、本当はお金自体には何も価値はありません。お金が価値を持つように見えるのは、「交換の手段」として合意するなど、社会的な信用によるものです。私たちの生活において重要な役割を果たしていますが、それ自体には実際は価値がありません。この話を聞いて「どういうこと？」と思われる方もいらっしゃるかもしれません。今からその理由を説明いたしますので、ご安心ください。

お金そのものは「ただの紙切れや金属」

①お金（紙幣や硬貨）は、ただの紙や金属で作られている

それ自体には特別な力や価値はありません。例えば、

- 1万円札は、ただの印刷された紙切れ。国が「1万円の価値がある」と保証しみんながこれを信用しているから、1万円分のお金として使えるのです。

②お金の価値は「社会の約束」から生まれる

「お金で商品やサービスと交換できる」とみんなが信じているから、お金は価値を持ちます。誰もがお金を受け取らなくなれば、それはただの紙切れになってしまいます。

例えばボードゲーム内でポイントが価値があるのは、そのゲーム内で価値が認められているからで、ゲーム内でしか価値を持ちません。同様にお金も、私たちの社会がその価値を認めているからこそ使えるのです。

③お金は「ツール」であって「価値」そのものではない

お金はものやサービスを交換するためのツールであり、それ自体を入手するだけが目的ではありません。例えば、

- 1万円札を食べることはできませんが、1万円札で美味しい食事にありつけます。
- お金があることで、他の人が持つ「もの」や「スキル」と交換できるのです。

お金の価値は、時代や場所によって変わります。お金の価値は一定ではなく、時代や社会の状況によって変わるのです。

そのお金の価値を決めるのは**「人の行動」**。お金そのものではなく、人々がどのようにお金を使うかが価値を決めます。お金を使って他の人を助けたり、知識を得たりすることで、人生を豊かにすることができます。一方で、お金を無駄遣いすれば、その価値を引き出せません。

他にもまだまだある、良くないお金の使い方は？

お金の「良い使い方」と同時に、「良くない使い方」ってなんですか？と聞かれる機会が、割とあります。その質問の意図としては、損をしたくないからでしょう。

結論、**自分自身が後悔する使い方が、良くない使い方**となります。言い換えれば、人から見たら「無駄遣いをしている」と思われても、自分自身で納得して理由のある使い方をしていればOKだよねという考え方です。

お金は「道具」であり、その使い方次第で大きな価値を生み出すことも、後悔を招くこともあります。お金は、「人と人をつなげるアイテム」、そして自分の人生の中でより自由により豊かに生きるための道具でしかありません。限られた額（お金）の中で、自分がやりたいと思うこと、叶えたいと思うこと、幸せと感じることに、お金を使うことができるのか？がポイントになってきます。

それは、**値段は関係ありません。**高いものでも、その価値が値段に見合っていると自分自身で思えるのであれば無駄遣いという考えにはなりません。反対に、どれだけ安いものでも意味なく目的なく使っていたのであれば、それは良くない使い方に該当するという考え方です。この考えに従って、その他、良くない使い方を述べてみます。

●衝動買い

何も考えずに欲しいものをすぐに買ってしまうこと。衝動買いは、ものの価値や必要性をじっくり考えずにお金を使ってしまうことになるため、後悔や無駄遣いを招きます。

つまり欲しいと思った瞬間に買ってしまうことで、後悔するかもしれないことをお子さんに伝えてみましょう。後悔の例としては、「買うつもりじゃなかったのに、つい買ってしまう……」「買ったけれども、すぐ飽きて使わなくなった」といった感じです。

●贅沢をどんどん追求する

本当に必要でないものにお金を使うこと。例えば、今はお金が足りないのに無理して高価なものを買う、または最低限かかる食費や光熱費といった生活費を削ってまで、趣味にお金を使うといったケースです。

その他、一時的な満足感を得るために、お金を使いすぎることも含みます。例えば、毎週高額な外食をしたり、すぐに楽しめるけど一瞬で価値が失われるものを買ったりすることが挙げられます。全部が全部悪いことではありませんが、自分への過剰なご褒美を頻繁にすることや、ちょっとした成功や努力に対して毎回高額なプレゼントを自分に買うことは、金銭的に継続することが難しくなることが多いからです。

●カードローンやキャッシングの仕組みを理解せずに利用

「今すぐ払えないけど大丈夫！」と思って仕組みを理解せずに使うと、後で大変な思いをすることもあります。また、分割払いやリボ払いは「多額な手数料」がかかります。例を挙げるのであれば、10万円のスマホを購入する場合で考えてみましょう。

- 一括払いだと、支払い回数は1回で、手数料はかかりません。
- 12回払いだと、支払い回数は12回。支払い回数によって手数料は変わってくるものの、

15％の手数料だと1万5０００円となり、合計金額は11万5０００円になります。

リボ払いだと、一定の金額を毎月支払います。支払い回数が増えるほど手数料を多く払うことになり、毎月の支払金額により手数料は変わってきますが、20％の手数料で考えると2万円以上となり、合計金額は12万円以上になります。

これらの**「良くないお金の使い方」を避けるためには、計画的な支出、予算を立てて管理すること、そしてお金の価値や仕組みをしっかりと理解することが重要**です。

このような話は人生でとても大切なことですが、なかなか勉強する機会がありません。ただ、一方的に意見を押し付けるのではなく、**仕組みや制度を伝えながら、お金の使い方に対する子どもの気持ちや意見を尊重していくことも同時に必要**です。親子で話し合い、日常生活でお金の使い方を見直していくことが、お金の正しい使い方を学ぶ第一歩です。

ホントは母だって教えてほしい……。

ネットですぐ買えて キャッシュレスの今。 お金との「正しい付き合い方」とは？

¥

24時間365日、何でも好きなものが買えちゃう今……。オンラインショップとどう付き合う？

近年、スマホやタブレットなどを利用したオンラインでの商品の注文・購入などが増加しています。2020年3月以降の新型コロナウイルス感染症拡大を経て急速に増加し、利用世帯の割合は50%を超える状態が続いています（下の図2）。

オンラインショッピングは、雨でも風でも雪でもどのような状態であったとしても、スマホ一台でとても簡単に欲しいものを手に入れることができます。一方、計画性を失いやすく、浪費や衝動買いのリスクもあります。

「ポチッ」と気軽に購入できる反面、「な

図2　ネットショッピング利用世帯の割合の推移（二人以上の世帯）

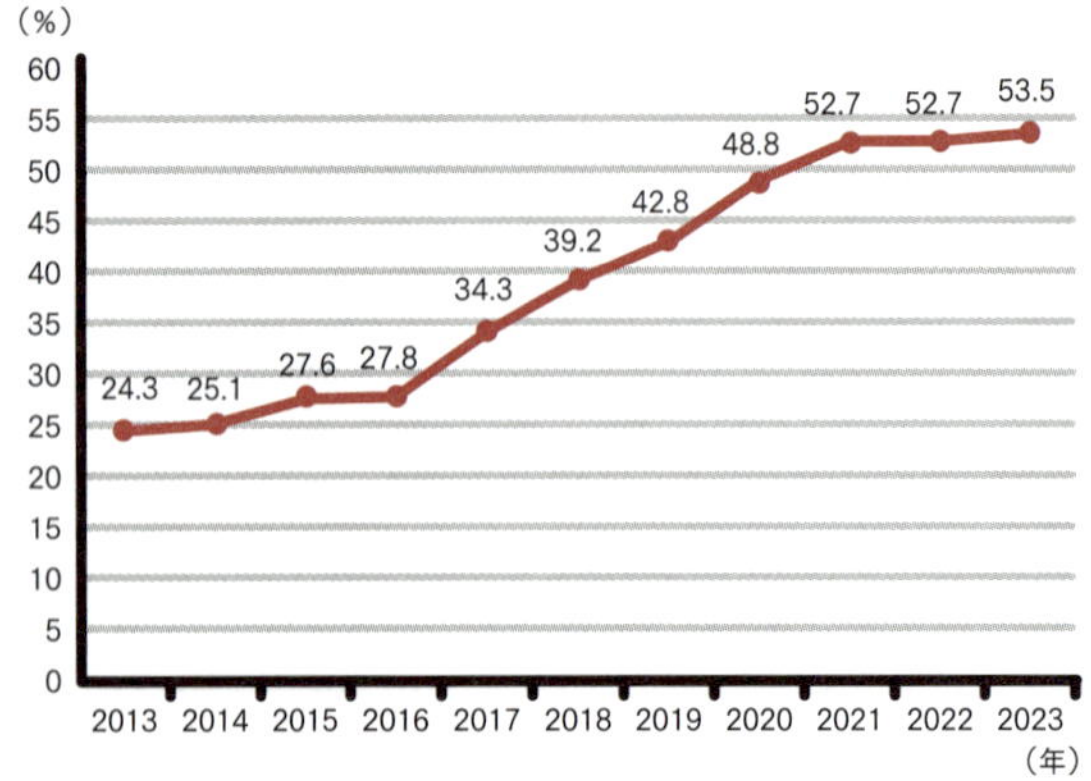

出典：総務省統計局「2023年　家計消費状況調査　結果の概要」

んで買ってしまったんだろう……」「同じもの、似たようなものがあった」「今月こんなにお金を使っていたっけ!?」など後悔する経験も少なくないでしょう。心当たりがある人のほうが多いかと思います。

私たち世代でこのような状況なので、子どもたちが社会に出る頃には一層、浪費や衝動買いのリスクが高まっていくことでしょう。そこで、オンラインショップと上手に付き合うための具体的な方法をご紹介します。

オンラインショッピングと賢く付き合うためのルール

①購入前に「必要性」を考える

●買う前に自問する習慣をつける。

〈チェックリスト〉

☑これが本当に必要なのか？

☑これを買わないとどうなる？

☑今持っているもので代用できないか？

②購入リストを作る

●欲しいものをその場で買わず、リストに記録。

〈効果〉

- 時間を置くことで、衝動買いを防げる。
- 本当に必要なものか冷静に判断できる。

●③予算を設定する

月、週、日ごとの「オンラインショッピング予算」を決める。

〈例〉

- 月1万円以内や週に3000円以内など。
- 必要なもの（文房具や日用品）と、欲しいもの（趣味や嗜好品）を分けて管理。

●④現金感覚を意識する

クレジットカードやキャッシュレス決済を使う場合でも、現金で払う感覚を持つ。

〈方法〉

- 購入額をメモして可視化する。
- 週・月単位で確認する。
- 利用限度額を低めに設定する。
- いくらまでなど決済するルールを決める。

⑤買う前に時間を置く

●購入ボタンを押す前に1～2日待つ。

〈理由〉

・衝動買いかどうかを見極める。

・一晩考えるだけで、意外に買わなくていいと思えることが多い。

オンラインショッピングの危険性を教える

オンラインショッピングは便利ですが、利用する際には様々なリスクが伴います。特に子どもや初心者には、正しい知識がないとトラブルに巻き込まれる可能性が高まります。

①個人情報の取り扱いに注意

●サイトのリンクやショップに注意する。

〈安全性の高いサイトや商品を選び出す方法の例〉

・URLが「https://」で始まる（SSL暗号化がある）。

・有名なオンラインモール（Amazon、楽天市場など）を利用する。

・口コミやレビューが多数あり、高評価が多い商品やショップを選ぶ。

②詐欺や偽サイトを警戒

●激安商品や「期間限定の特別価格」には注意。信頼できる店舗でのみ買い物をする習慣を教える。安すぎる商品や知らないブランドには気をつける。

③クレジットカードの使用は制限

▪信頼できるサイト以外では、クレジットカード情報を入力しない。

▪プリペイドカードやデビットカードを利用する。前者は利用額が制限されており、後者は銀行口座から利用額がすぐにわかるから。

▪子どもがクレジットカードで自由に買い物をしないよう、家族で管理する。

年齢を重ねると子ども自身が、ネットで買い物することも増えてきます。その行為自体は悪いことでもないですし、便利で生活を豊かにしてくれるものです。ただし、お金の使い方や管理については、日頃から気にかけるべく会話をしてあげることが、親として重要になってくるでしょう。

悩みの声殺到！　ゲーム課金問題。子どもとどう向き合うか？

スマートフォンやゲーム機の普及により、ゲーム課金が子どもたちの日常に深く入り込んでいます。ゲーム課金は楽しみを広げる一方で、**計画性の欠如や浪費につながるリスクがあります。**もっともっとさらに課金したくなる、あるいは知らぬ間に課金されてしまっている可能性が潜んでいます。最初は１０００円分のおこづかいの範囲内だったけれども、ゲームに夢中になりすぎて２０００円分、３０００円分とどんどん課金額が増えていく……、なんて話も珍しくありません。

独立行政法人国民生活センターには、子どもが無断でオンラインゲームに課金してしまったという保護者からの相談が多く寄せられています。契約当事者が小学生・中学生・高校生のオンラインゲームに関する２０２２年度の相談件数は４０２４件で、**契約購入金額の平均は約33万円と高額**です。特に、スマートフォンやタブレット端末での小学生・中学生の無断課金に関する相談が目立ちます（※参考：独立行政法人国民生活センター「子どものオンラインゲーム　無断課金につながるあぶない場面に注意!!」）

ここでは、ゲーム課金問題に対処するための具体的な方法と、子どもに課金との向き合い方を教える方法を解説します。

子どもに課金の考え方を教える方法

①課金の仕組みを説明する

課金する際は、親の許可を得るなどルールを決めます。そして子どもが、課金の仕組みや現実世界のお金の関係を理解することが大切です。

ゲーム内でアイテムや特典を購入するためにはお金を使いますが、実生活と結びつけて、お金は限られていることを教えましょう。例えば、「おこづかいをもらった時に、全部使ってしまうと次のおこづかいまで使えないよね」という形で、計画的にお金を使うことの大切さを伝えると理解しやすくなります。

例1）「ゲームでは敵を倒すとお金がいくらでも手に入るけど、うちでは月に1回100
0円のおこづかいしかもらえないんだよ」

例2）「ゲームの会社は、アイテムを買ってもらうことでお金を稼いでいるんだよ」

②課金前に「本当に必要か」を考えさせる

ゲームの中で何を買うか決める時、本当にそのアイテムが自分にとって必要かを考えることが大切です。こうすることで、「欲しいだけのもの」と「本当に必要なもの」の違いが理解でき、無駄な支出を避ける方法を学べます。子どもに、課金が本当に必要か自問する習慣をつけさせましょう。

③自分のお金で課金させる

親が課金費用を負担するのではなく、子どもが自分のおこづかいの範囲内で課金するようにさせます。

自分のお金を使うことで、課金の価値や重みを実感できます。すると、計画性や優先順位を考える力が育つのです。

④予算を設定する

子どもと一緒に課金の上限を決め、予算内で管理させます。一度に大きな額を使うのではなく、小さな額でも楽しむ方法もあることを教えるのです。こうすることで、子どもが自分で予算を立てて、ゲーム課金を楽しむ方法を学べます。

例）「課金に使っていいのは、200円までにしよう。それ以上は貯金してから考えようね」

⑤課金以外の楽しみ方を教える

課金しなくてもゲームを楽める方法や工夫を教えます。何かを買う時は、他にどんな選択肢があるのかも考えるようにしましょう。例えば、課金をしてゲーム内のアイテムを手に入れるか、貯めたおこづかいを実生活に使うか、選択肢を比べてみると良いでしょう。

そもそも、課金なしのゲームでも楽しめないか、親子で無課金のゲームを探すのも一つの方法です。

親としての対応方法

①ルールを設定する

●課金のルールを明確に決め、子どもと共有します。
例1)「課金をする時は必ず親に相談すること」
例2)「月の課金額は300円まで」

②使用履歴をチェックする

●ゲームアカウントやクレジットカードの使用履歴を定期的に確認し、不正な課金や過剰な支出を防ぎます。

③ゲームに関心を持つ

●親もゲームの内容や仕組みを理解し、子どもと話し合いやすい環境を作ります。
例1)「このゲームではどんなアイテムがあるの?」
例2)「どんなところが楽しいの?」

④クレジットカード情報を管理

●子どもが親のクレジットカードを勝手に使用できないよう、情報を安全に管理します。
例1）アプリ内課金を無効にする設定。
例2）クレジットカード情報をデバイスに保存しない。

「ゲームに課金するだなんて……」「無駄遣いにしか思えない」など、親の立場としては複雑な気持ちになってしまう場面もあるでしょう。理解しがたいこともあるかもしれません。

けれども、子どもの価値観と親の価値観は、必ず一致するとは限りません。親が「ダメ！」と言っても子どもは納得しないことが多いと思います。なぜなら子どもは、子どもの価値観や世界で生きて成長していくから。思い通りにはいかないし意見が違って当たり前で、今後考えが変わっていくこともあります。変化は成長の証ともいえるでしょう。

そこで、「お金を使うことの価値」や「計画的に楽しむ方法」を教えることで、子どもはお金とゲームの適切な付き合い方を学べます。親子でゲーム課金について話し合い、楽しいゲーム体験を損なわない範囲で適切に管理することで、子どもが健全な金銭感覚を育む手助けをしていきましょう！

第4章

【実践編】親子の絆を深める「お金に強くなるワーク」

ここだけは押さえておいて！
お金の重要な「3つの貯金箱作戦」

子どもでも実践しやすい「3つの貯金箱作戦」は、シンプルで効果的な金銭教育の方法です。このことを通じて、お金の使い方や優先順位を学び、健全な金銭感覚を育てることができます。

3つの貯金箱は、「透明」のものを使うことがポイント。なぜなら、いきなり「貯金箱に貯金したほうが良い」と勧めても、なかなかイメージがわきませんし、途中でやめてしまうなど継続することが難しいからです。ただし、「透明」のものであれば、お子さん自身の目で増えたり減ったりする過程を見ることができます。

この「クリア貯金箱」を活用し、**ラベルやシールやお絵かきなど子どもたちの好きなようにアレンジをして、ワクワクする感動を持たせるのもお勧め**です。

以下では、それぞれの貯金箱の役割と活用法を詳しく説明します。

【1つ目の貯金箱】自分のために使うお金

● **役割**：日々の欲しいものや楽しみのために使うお金。

例）お菓子、ゲーム、文房具、遊びに行く時の費用。

●子どもに伝えたいポイント

・お金は自分の楽しみや満足のために使うことができる。
・ただし、使いすぎないように計画的に管理することが大切。

●メリット

・短期的な満足感：お金を使う喜びを実感し、努力して得たお金の価値を学ぶ。
・選択力の向上：限られたお金の中で何を買うかを考え、優先順位をつける力が育つ。

【2つ目の貯金箱】将来使うために貯める&増やすお金

●役割：大きな目標のために貯金し、場合によっては増やすことも考えるお金。

例）高額なおもちゃ、旅行、将来の学びや夢のための費用。

●子どもに伝えたいポイント

・使わずに「貯める」ことで、欲しいものが手に入りやすくなったり、目標が達成できたりする。
・「増やす」という考え方も教え、投資の基本や長期的視点を取り入れるきっかけにする。

●メリット

・計画性の育成：長期的な目標に向けてコツコツ貯める習慣が身につく。

・達成感を味わえる：目標に到達した時の喜びを経験できる。

・投資の基礎理解（年齢に応じて）：将来の資産形成の考え方を学ぶ。

【3つ目の貯金箱】人のために使うお金（プレゼント・寄付）

●**役割**：家族や友だちを喜ばせたり、社会に貢献したりするために使うお金。

例）友だちへのプレゼント、募金、災害支援の寄付。

●**子どもに伝えたいポイント**

・お金は自分のためだけではなく、他人を助けたり喜ばせたりすることにも使える。

・他者を思いやる心を育てる大切な機会として活用する。

●**メリット**

・思いやりの心が育つ：自分以外の人のことを考える機会が増える。

・社会貢献の理解：お金が社会でどのように役立つかを知ることができる。

・喜びの共有：プレゼントや寄付で、誰かの笑顔を見ることの幸せを実感する。

「3つの貯金箱作戦」のメリット

「3つの貯金箱作戦」を通じて、お金の使い方・管理・流れを理解することにつながります。お金には役割があり、自分の欲望だけでなく将来の目標や他人への思いやりも考える力が身につきます。

大前提として、自分がやりたいことにチャレンジするためにはお金はあったほうが良いし、何か困ったことがあればお金が助けてくれるかもしれない。ただし、これだけでは幸せにはなれないのです。「人のために使うお金」で、本当のお金の価値を理解できるからです。「3つの貯金箱」に振り返って考えてみましょう。この3つの貯金箱に1000円ずつ平等に入れます。

想像してみてください。「①買い物や遊びや趣味など自分のために使う1000円」「②貯金や資産運用や自己投資など将来のために使う1000円」「③友だちや家族のプレゼントや募金など人のために使う1000円」。いかがでしょうか？ **同じ1000円でも、①～③それぞれに込められた気持ちまで同じでしょうか？ 恐らく違うと思います。**

③を切り取って考えてみると、自分だけでなく周りの人に「ありがとう」と言ってもらえる数が多いと思います。お金だけではありませんが、このようにお金の使い方によっては、人を喜ばせることもできるのです。

とはいっても、まずは自分の土台、いわゆる生活を固めることが大事です。なぜなら、自分自身が安心して生活できないと、周りを幸せにすることなんてできないからです。順番が大事であることを忘れてはなりません。**自分の生活が安定してから、次のステップとして、周りや社会が幸せになるお金の使い方を心がけてほしいのです。**そんな人で世の中が溢れたら、なんて幸せなことでしょうか。

家庭でお金の話をする時間は簡単に捻出《ねんしゅつ》できる！

お金のことは誰が教えるべき？　アクサ生命が高校生の子どもを持つ30～69歳の男女計1000名に尋ねた調査結果によると、【お金の使い方】においては、97・1％が親の役目だと回答していることがわかりました（※出典：アクサ生命保険株式会社「金融経済教育とライフマネジメント®に関する調査2023」）

家庭でお金について話す時間を作ることは、子どもの金銭感覚や価値観を育てるために非常に大切です。しかし、小、中、高校生……と、学年が上がるにつれて、学校や習い事や友だちとの交友関係や部活が優先となり、家族とのコミュニケーションが疎かになりがちです。

ただ、家庭でお金の話をすることは、子どもの価値観や判断力や将来の自立にも大きな影響を与えます。親も子も忙しい中、日常の中で無理なくシチュエーションごとに家庭で「お金の話をする時間」を捻出する具体的な方法をご紹介していきます。

日常生活に「お金の話」を組み込む

①買い物の場面を利用

●スーパーやコンビニで、商品を選ぶ時にお金の使い方を話す。

〈例〉

・「このジュースは150円、こっちは牛乳だけど100円。どっちにする？」

・「セールで買うとどのくらい安くなるかな？」

②移動時間を使う

●車や電車での移動中に、お出かけ中に発生した簡単なお金の話題を持ち出します。スーパーの帰りに、買ったものの話をするのもいいでしょう。

〈例〉

・「電車賃は一人500円だから、家族全員でいくらかかるかな？」

・ガソリンスタンドで「車を100km動かすにはこれくらいのガソリン代が必要だよ」

③食事の時間を活用

●家族がそろう夕食時に、「今日の買い物で何を買ったか」「いくら使ったか」など、日常の支出を話題にします。

〈例〉

・「今日の夕食は全部で1000円で作れたよ。これを節約するにはどうしたらいいと思う？」

・「この1週間で使ったお金の中で、何が一番必要だったと思う？」

・「デザートを外で食べたらいくらになるかな？」

④家事をしながら会話する

●料理や掃除をしながら、親子でお金の使い方について軽く話し合います。

〈例〉

・「特売セールの日にスーパーに行けば、どのくらい節約できるかな？」

・「洗剤をまとめ買いすると、お金がどのくらい浮くと思う？」

⑤おこづかいのタイミングで話す

●毎月や毎週のおこづかいを渡す時に、お金の使い道や貯金の計画について話し合います。

〈例〉

・「今月のおこづかいで何を買いたいの？」

家庭によって「お金の価値観」は違います。このように日常生活の中で、親子でお金の考え方を共有することにより、将来子どもが自立した時に困らないようにします。

●価値観を話し合う時のポイント

・正解・不正解はない：「親の価値観を押し付けず、子どもの考えも尊重する」。
・経験をシェアする：「初めて給料をもらった時の喜び」「お金で困ったこと」「お金の失敗談」を語る。
・考え方の違いを認め合う：「お金の使い方に正解はなく、人それぞれ違う」ことを伝える。

●親の問いかけの例

・「パパとママは、お金は○○に使うことが大事だと思ってるんだけど、××はどう思う？」
・「お金を使う時に、何を大事にしたい？」

ポイントはいくつかありますが、無理のない範囲で増やしていくといいでしょう。あくまで楽しく、家族全員がお金で幸せになる！という目標に向かうように、楽しみながらするのが、効果が高く継続もできるコツです。

短時間でできるワーク「欲しいものリストを作ろう」

お金のワークを通じて、親子の絆を深めることができます。なぜなら、単に金銭管理を学ぶだけでなく、コミュニケーションのきっかけを作り、親子間で価値観や考え方を共有する素晴らしい機会になるからです。

逆に、親子の間でお金を通じた価値観や考えが共有できていないと、お金の不安や心配が発生しやすくなります。**お金の不安や心配があると、子どもがやりたいこと（遊び、塾、習い事、部活、留学など）を全力で応援することが難しくなってくるかもしれません。**特に、将来の教育費や生活費、予測できない支出に対する不安があると、子どもに対して「これ以上支出を増やしたくない」「お金が足りなくなるかもしれない」と思うことがあります。

しかし、親子でお金について学んで話すと、「親がどんな仕事をしているのか」「どんな苦労をしてきたのか」などの話につながります。子どもは親に対する理解や尊敬が深まり、子どもからやりたいことをどんどん引き出せるかもしれません。

結果的に、お金を使う目的や貯める目的などについて話し合うことで、親子でお金について考える機会が増えます。そしてチームのような関係になり、親子の結びつきが強くなるのです。

そこでまず一つ、子どもの年齢問わず、楽しく短時間でできるお金に強くなるワークをご紹介しますね。

【ステップ1】欲しいものリストを作る

紙とペンを用意し、お子さんに「今欲しいもの」をリストアップしてもらいます。お子さんには、思いつく限り欲しいものを自由に書き出してもらいましょう。この時、欲しいものに制限を設けず、たくさん書いてもらうことが大切です。

具体例）ゲームソフト　漫画　服　本　お菓子　アクセサリー

【ステップ2】本当に必要なものかを考える

リストアップが終わったら、それぞれのアイテムについて「本当に必要なものか？」を考えます。

各アイテムについて、「これを買うことでどんな良いことがあるのか？」を考えてもらいます。そして、「今すぐ必要なものか？」と問いかけ、例えば「これは今の生活に必要なのか、それともただ欲しいだけなのか?」と話し合います。例えばゲームソフトだったら、「新しいソフトを買ったらどんなことができる?」といった具合にです。

【ステップ3】アイテムに重要度で順位をつける

次に、リストにしたアイテムについて、「必要度が高い順」または「一番欲しい順」に並べてもらいます。

お子さんに、「一番必要だと思うものはどれ?」「次に必要だと思うものは?」と問いかけ、アイテムに順位をつけます。

〈例〉
1位:新しい本(読むことで勉強になるから)。
2位:服(今の服が小さくなってきたから)。
3位:キーホルダー(新しく発売になっているから)。

●どれを最初に買うか決める

順位をつけた後、どれから購入するかを決めます。

おこづかいの額や使える金額に合わせて、何を優先的に買うかを決めるのです。例えば、少ないおこづかいで1つだけ選ぶなら、どれが最も価値が高いか、最も必要だと感じるものを選んでもらいます。

〈例〉

- 最初に買うもの：服（寒くなってきて、今すぐ必要だから）。
- 次に買いたいもの：新しい本（次のおこづかいで買いたい）。

【オプション】予算を立てる

お子さんが予算管理を理解するために、実際の価格を調べてみても良いでしょう。例えば、欲しいものの値段を調べ、予算内でどこまで買えるかを確認します。これらを通じて、予算を守りながら計画的にお金を使う大切さを学びます。

●このワークの目的と効果

- お金の使い方に対する意識を育てる：「必要なもの」と「欲しいだけのもの」を区別する力を育てます。
- 計画的な思考を促す：優先順位をつけることで、計画的に物事を進める力が身につきます。
- 予算管理を理解する：実際の生活に即した形で、お金をどう使うかを考える力を育てます。

第5章

「お金」って、そもそも何者なの？何と答えるのが正解？

お金は何のために存在するの？　どんな存在？

これより前の第4章までは、親子が今現在、直面していそうなお金にまつわるトピックに触れてきました。

そして、この第5章からは、今後生きていく上でのお金と社会についてぜひ知っておきたいことをご紹介していきます。お金の本質を理解し、お金と上手に向き合い、幸せに生きるためのヒントをぜひ見つけてください。

お金は単にたくさん貯めるのが正解ではありません。正しく使い、増やし、時には寄付など人のために使うことも大切で、「ウェルビーイング（身体的・精神的・社会的に良好な状態。最近ますます注目されてきた概念）」を実現してくだされればとも思います。

皆さんは「お金」と聞いて、何を思い浮かべますか？「お金ってなあに？」「何のためにお金って必要なの？」。ある日突然、子どもに聞かれたら、何と答えますか？「貨幣」「紙幣」「生活に必要なもの」「生きていく上で必要不可欠」「欲しいものを手に入れる手段」——色々な答えが出てくるでしょう。挙げていただいたものは、どれも間違いではなく、恐らくどれも該当します。

「みんながものやサービスを交換するために使うもの」
「ありがとうの気持ちを形にしたもの」
「受け取ってくれる人がいるからこそ価値が発揮できるもの」
「人と人とのつながり、感謝や信頼が基盤にあるもの」

根本的にはこのようなことが挙げられるでしょう。

全ての人にとって共通することとして、生きるためには、お金を使わなければなりません。なぜならば、**人は生まれてから死ぬまで「お金」と付き合っていかなければならない**からです。

現実的な話をしますと、我が子が生まれた瞬間から出産・入院費用がかかりますし、亡くなった時は葬儀代が、火葬するのにもお金がかかるわけです。そして、贅沢をせず普通に日常生活を送る上でもお金はかかります。ですので、人にとって「お金」は切っても切り離せない関係。

それにもかかわらず、私たち親世代の大人は今まで学校で学んできていないことが多いのです。

しかも日本では学ぶどころか、諸外国に比べお金の話を口にすることもタブー視されている風潮が続いていました。最近でこそ、国がＮＩＳＡやｉＤｅＣｏを積極的に推奨したり、学校でも授業として取り入れられるようになったりして、徐々に変化してきていますが。

ですから大人になった時に、急にお金の不安や心配が襲ってくるのです。身近な人がお金をどのように使っているのか、管理しているのか、などを聞くこともできない。あるいは、どのように聞いたらいいのかわからない。調べ方も不明で、調べられても正解が見えてこない。一人で不安を抱えている人も多いのではないでしょうか。

お金の成り立ち／ものの値段の決まり方

そもそもお金とは、いつ頃、何のために誕生したのかご存知でしょうか？　今までそんなこと疑問にも思ったこともないし、考えたことすらないという方もご安心ください。なぜなら、私たち大人世代では今まで学校では学ぶ機会がなかった……こんな方がほとんどです。

実は、お金は最初から世の中にあったわけではありません。歴史をさかのぼると、はっきりしたことはわかっていませんが、日本だと7世紀後半に作られたとされる「富本銭《ふほんせん》」というお金といわれています。

ただ、遠い昔をさかのぼると、お金などありませんでした。その時代は、ものとものを持ちより交換する「物々交換」が行われていました。例えば、肉と魚を交換、服と食器を交換などです。しかし、物々交換では必ずしも欲しい時に、自分が欲しいものと交換できるとは限らなかったのです。

そこで登場したのがお金。貝や石器などの「物品貨幣」といわれるものです。最終的に、持ち運びが便利である金貨などの「金属貨幣」へ移行していきました。

例を挙げるのであれば、大昔は米は貝5枚、鮭は貝3枚、などで交換することができました。現代では、500㎖ペットボトルの水1本150円、書籍1冊1760円などで、お金を支払うことでものを手に入れることができます。

だとすると次は、このような疑問が生じてくるでしょう。例えば、米は貝5枚、鮭は貝

3枚など誰が決めたんだろう?と。

現在のものの価格の決まり方にも通じるところがありますが、**基本的に売る人が価格を決めます。**どれだけ買いたい人がいて、どれだけ売りたい人がいるかを判断して決められています。**買いたい量を「需要」、売りたい量を「供給」といい、需要と供給のバランスで値段は変化します**（下の図3）。

新型コロナウイルス時のマスクの売買を、思い出してください。売りたい量（供給）より、買いたい量（需要）が上回り、高くても買いたいという人が増え、価格が高騰しました。でもしばらくすると、買いたい量（需要）より売りたい量（供給）のほうが増えてしまい、価格が下がりました。

図3　需要と供給から市場価格が決まるまで

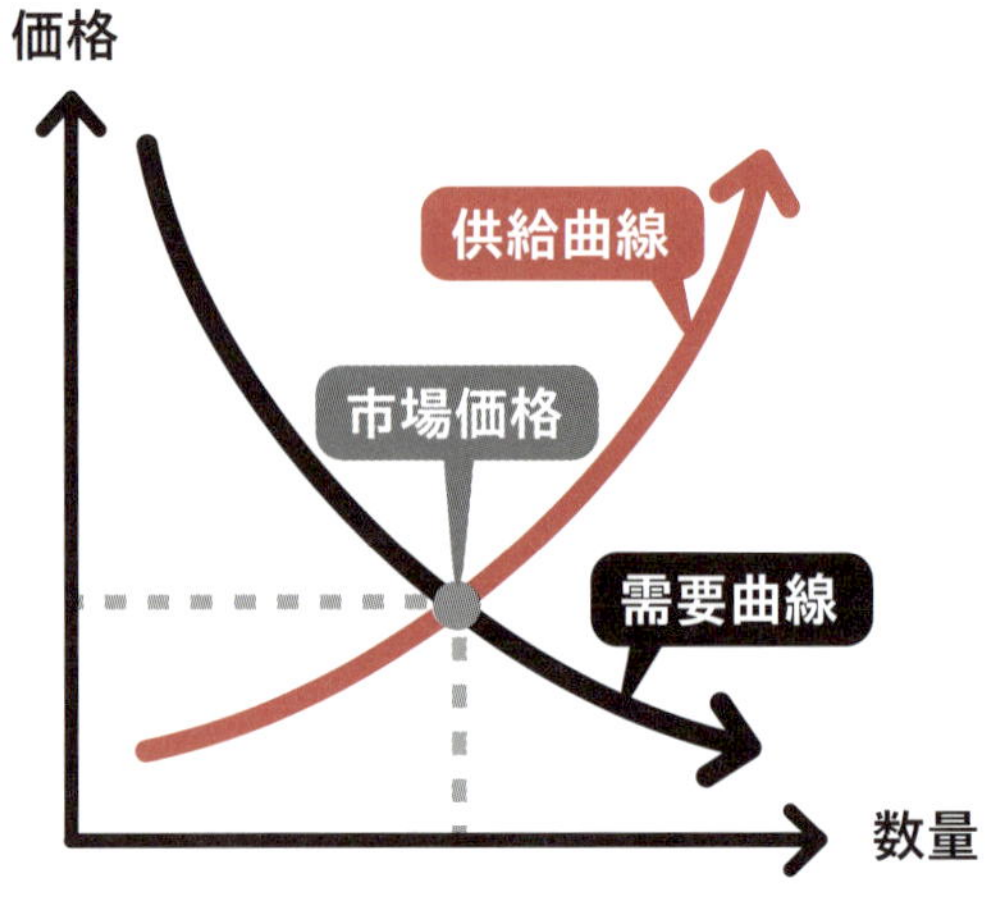

では次に、同じものなのにお店によって価格が違うのはなぜ？という疑問。コンビニ、ドラッグストア、スーパー、デパート――**同じ商品だとしても、なんで価格が違うの？**という質問に対して、何と答えますか？

答えは「かかってくる諸費用によって変わるから」。これにはいくつか理由があります。まず、お店の人が**価格を決める時に、「仕入れ値」と「儲け」を計算して決めます。**多くの場合、たくさん一気に購入すれば、1個あたりを安く仕入れることができます。すると、同じだけ「儲け」を出したいと思っているのであれば、大量購入しているスーパーなどのほうが安く販売できるということになります。

その他、お店の人が儲けは少なくて良いから、安く売りたいという場合です。これにはいくつか戦略があります。**目玉商品のようなものを掲げて、とにかくお店に足を運んでもらうことを目的にしている**ケース。これは、来店した際に他に通常価格の商品をついでに買ってもらいトータルの利益を上げていく方法にもなります。このように価格設定一つとっても、様々な人の動きや戦略が掲げられているのです。

切っても切り離せない銀行の役割と仕組み

お金を預けておく場所として切っても切り離せないのが「銀行」です。**もしも、銀行がなかった場合**を考えてみましょう。現金を全て手元に置いておくことになります。このことによる懸念を3つ挙げてみます。

①管理：現金全てを管理するために金庫を置かないといけなかったり、盗難のリスクに遭う心配もしないといけません。

②受け取り：毎月働いて会社からもらう給料は、銀行口座がなければ、現金で手渡しでもらうことになります。不用心ですし、会社も多額の現金を準備しないといけなくなります。

③支払い：電気、ガス、水道、通信などの公共料金やその他毎月の支払いを、営業所や会社に行って支払わなければならなくなります。多くの人と時間をかけないといけなくなり、混乱を招いてしまいがちになります。

それでは、「銀行」はどのようにして収益を上げているのでしょうか？　銀行のビジネスモデルとして、**「お金を貸して利子を得ること」**です。預金や企業の出資を元に、融資などのサービスを提供して、手数料を得る仕組みです。

私たちは、銀行からお金を借りると少し多めにお金を返す必要があります。住宅ローンがイメージしやすいでしょう。「このくらいお金を貸したら、この程度の利子がつきます」という割合の%を「金利」といいます。

金利が低いほど、世の中にお金が回りやすくなります。なぜなら、私たちはお金を借りやすくなるからです（下の図4）。およそ1995年頃から景気を良くするために、金利を下げて「どんどんお金を借りてお金を使って下さい」という低金利時代に突入していました。

図4　低金利における市場の流れの傾向

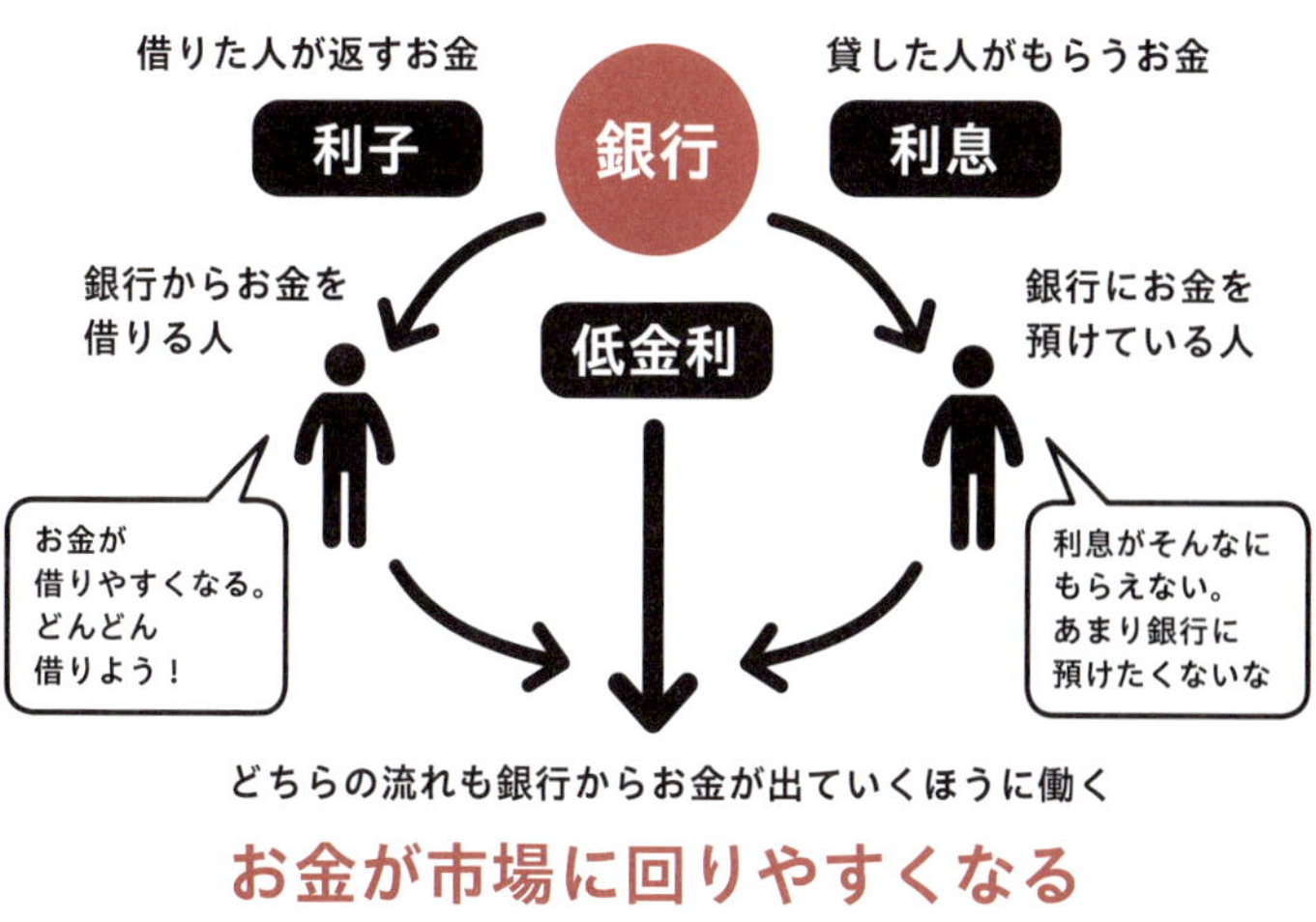

一方、金利が高いとどのようなことが起こるのでしょうか。借りた私たちお客は、銀行に多額のお金を返さないといけなくなります。

逆に銀行側からすると、金利が高ければ高いほど、儲けが大きくなります。私たちからすると、金利が高ければ利息がついてお金を増やすことができますので、銀行にお金を預けたくなります。

以上から、**「金利が低いほうが良い・高いほうが良い」は、一概にどちらが良いと言い切れない**ことがおわかりいただけると思います。

インフレって何？ インフレって生活に何をもたらすの？

インフレとはインフレーションの略で、ものやサービスの価格が上がること。デフレ（デフレーション）は逆で、ものやサービスの価格が下がることです。それでは、最近よくニュースで耳にするインフレは、私たちにどのような影響を及ぼすのでしょうか。

インフレが加速すると、ものやサービスの値段が上がり、お金の価値が下がってしまいます（p121の図5）。日本では、バブル経済が崩壊した1990年代以降、数十年にわたりデフレ時代が進んでいました。ここ30年くらいは、節約してお金を使わず貯蓄してお金を増やすことが、通用する時代でした。しかしコロナ以降は転換期を迎え、日本ではインフレ時代に突入しています。「インフレとデフレ、なんとなく特徴は理解できた。でも一体インフレ、デフレ、どちらが良いの？」と思われる方も多いのではないでしょうか。

結論、**「適度に緩やかなインフレ」が好まれる**ということです。具体的に適度に緩やかなインフレとは、日本では年2％のインフレ率を目標に掲げています。毎年、少しずつものやサービスの価格が上がって、企業の業績や従業員の給料も上がる状態の

図5　インフレ、デフレでは同じものでも値段が変わる

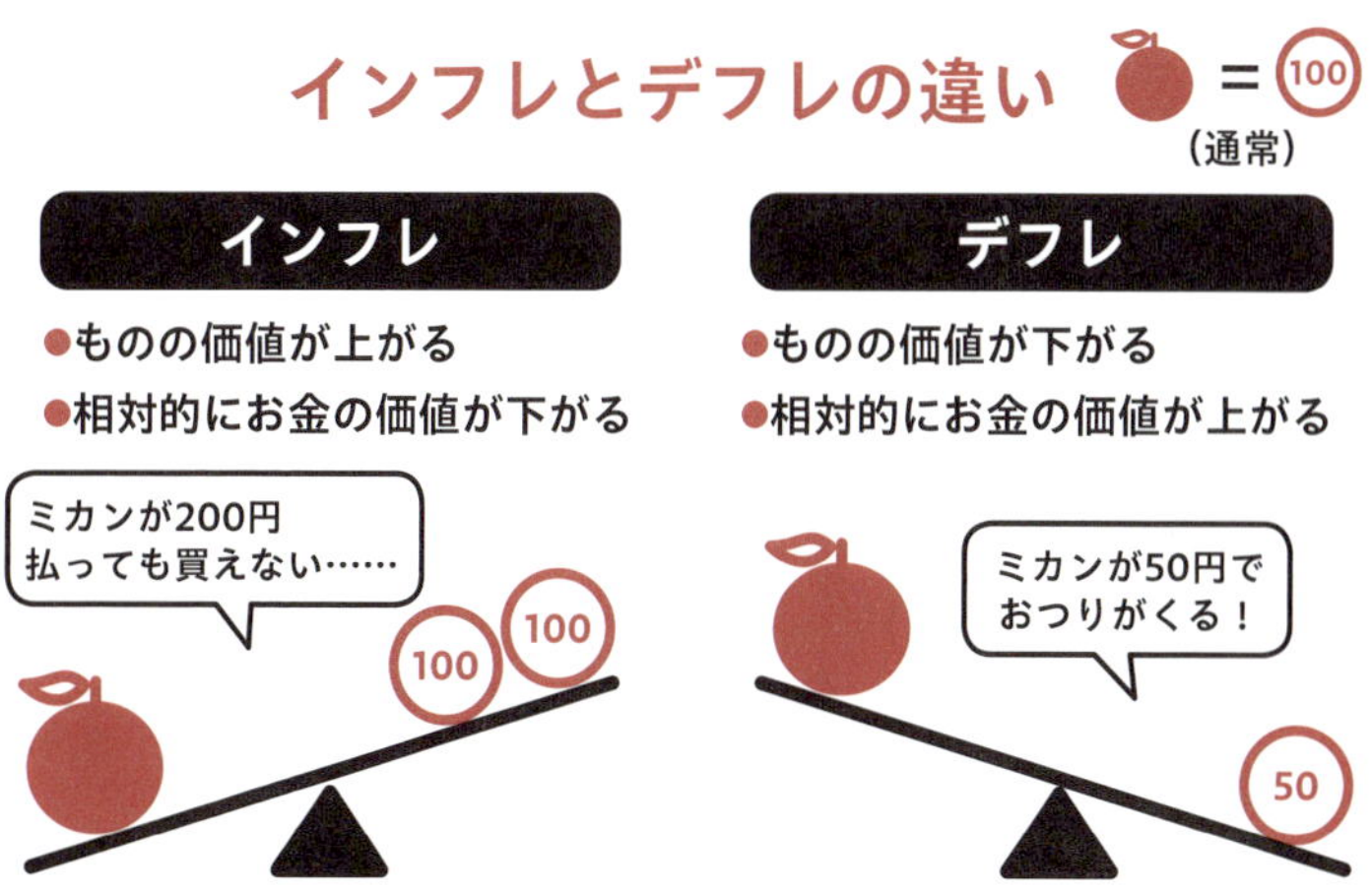
インフレとデフレの違い
= 100
（通常）
インフレ
●ものの価値が上がる
●相対的にお金の価値が下がる
ミカンが200円
払っても買えない……
100
100
デフレ
●ものの価値が下がる
●相対的にお金の価値が上がる
ミカンが50円で
おつりがくる！
50

ことです。とはいえ、景気は常に変動しています。

2025年初頭現在、日本ではインフレが継続しています。ですので、インフレに強い資産を保有しないと資産はどんどん目減りしていきます。

インフレに強い資産とは、株式や不動産や金などです。このような資産を持つ人とそうでない人とでは、今後ますます格差は広がってしまいます。ただ単に、「ものやサービスの値段が上がっている」、この一言だけでは片付けられないということです。

今の子どもたちが大きくなる頃には、この差は顕著に広がっていくと考えられています。とはいえ、将来のことは誰にもわからない、何が起こるかもわからない。

ですので、できることとしては、**今の経済の状況に合わせてお金の置き場所を考え守っていくことが大切**になってきます。日本ではインフレに加えて、コロナ以降円安が加速しています。

円安、円高。小さい子でも一瞬でわかる説明の仕方は？

ニュースなどを見ていると、「本日の外国為替市場は……」という話を耳にする時がありますよね。普段意識していないかもしれませんが、円の価値は常に変動しています。なぜなら、日本では当たり前に「円」が使われていますが、外国では「ドル」「ユーロ」など国ごとに使用されている「通貨」は異なっているから。すると、次のような問題が生じてきます。

日本では100円だけど、アメリカの友人に売りたい時は何ドルになるんだろう？ そんな時に登場してくるのが、為替レートといわれるもの。通貨が異なる国がお金のやり取りをする時に、日本のお金である「円」が、アメリカの「ドル」に対して、どのくらいの価値なのかを表すものです。

このレートは日々変動していて、今日1ドル150円であったとしても、明日には1ドル145円になっていることも考えられます。

では、**「円の価値ってどうして変動するの?」**。**答えは簡単です、欲しい人と売りたい人のバランスで変わるから**です。**何事も「需要」と「供給」のバランスで決まります。**つまり、他の通貨から円が欲しくて円に交換したい人が増えると、円の価値が高くなります。つまり、欲しい人が増える＝価値が上がるということです。円が欲しい人が増えると円の需要が大きくなり「円高」となります。逆に、ドルが欲しい人が増えると円よりドルに人気が高まり「円安」となります（下の図6）。

そして、この「円高」「円安」は、価格に関係していることをご存知でしょうか。具体的な数字に置き換えて考えてみます。

1枚のアメリカ産のクッキーが、1ドル100円で売られているとしましょう。すると、このクッキーは100円で購入できるということです。

でも、1ドル120円になると、同じクッキー1枚だとしても120円出さないと買えなくなります。100円の時より、20円追加で払わないと買えないので、より円が多く必要になるということです。この状態が「円安」といい、円の価値が下がったという意味です。このように、円の価値

図6 「円高ドル安」と「円安ドル高」の状態の比較

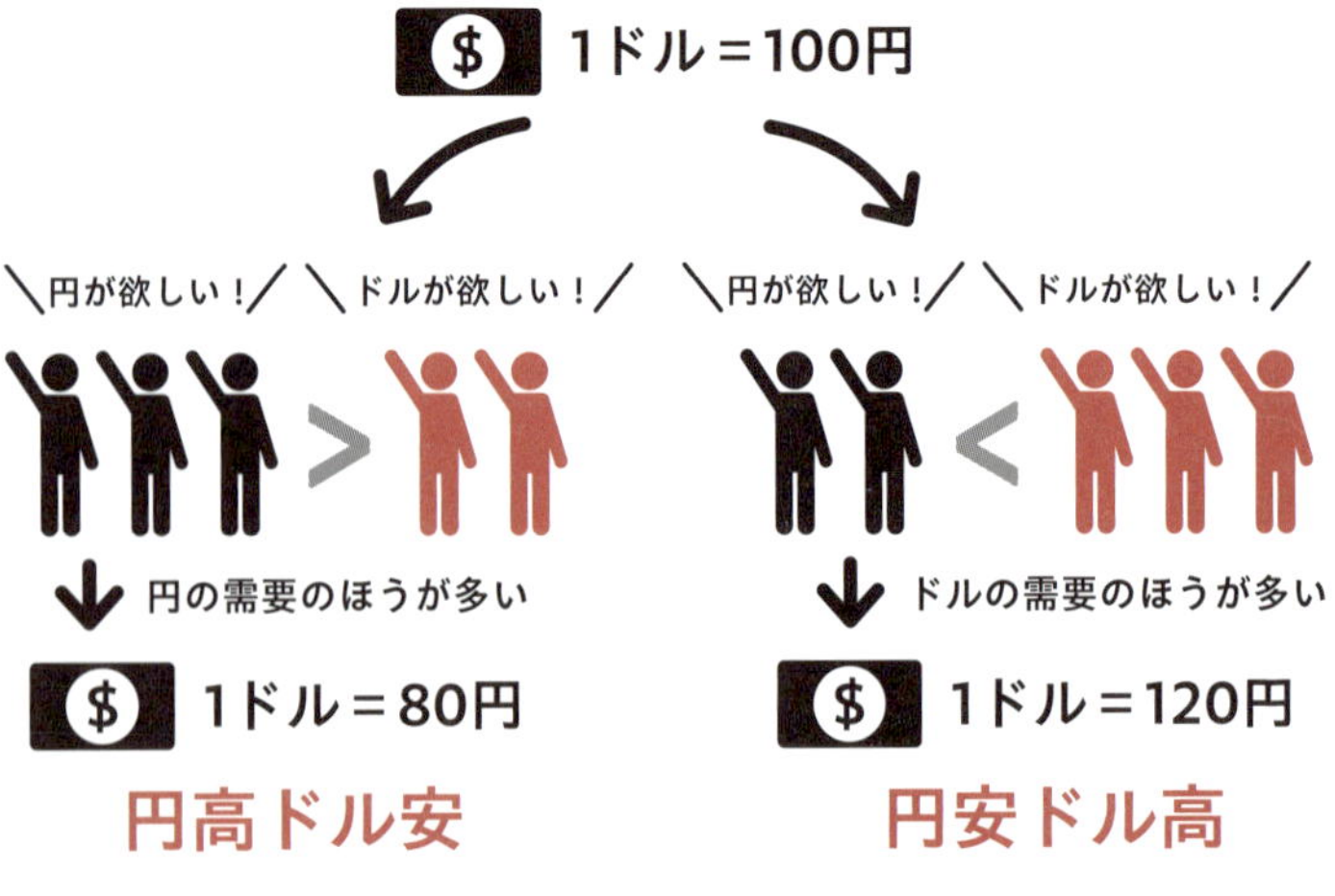

の変化が、価格に影響を及ぼしてることがおわかりいただけたでしょう。

今は、昔に比べてインターネットなどの普及により、様々なものが国を超えてやり取りされています。だから、お金について考える時には、目の前にある「円」の価値は、日々変化しているということを子どものうちから知っておくと良いでしょう。

以上のことを意識していないと、円の価値が変わるという現象は非常にわかりづらくなってしまいます。なぜなら、目の前にある100円玉や1000円札が増えたり減ったりしないからです。

そして今後、子どもたちが大きくなる将来、より便利な世の中へ変化していくと思います。でも、これだけは忘れないでいてほしいです。「お金」というツールは、より自由でより豊かになるための「手段」でしかないことを。

残念ですがお金には価値はない。理由を説明できますか？

著者である私こと櫻井は、最低限の預貯金しか保有していません。なぜなら、預貯金として置いてある現金は安心できるものではなく、むしろただの紙切れでしかないからです。

どういうことなの?と思われる方もいらっしゃるでしょう。あれだけ、お金は人生を豊かにする「ツール」と言っていたのに、話が違うんじゃない?と思われている方もいらっしゃるかもしれません。詳しくお話ししていきますね。

こんな私ですが、正直少し前まではお金を増やすことに喜びを感じていました。子どもの頃から「お金は貯めるのが正しい」「たくさんあるほうが良い」と、疑いませんでした。そして、銀行の残高や増えていく運用額を眺めることが、とにかく嬉しかったのです。お金はあればあるほど良い、幸せになれると信じてやみませんでした。

でも、ある日気づいてしまうのです。私たちは、なぜ紙幣にこんなにも「価値」を感じているのでしょうか?と。

考えてみてください。目の前の1000円札、5000円札、1万円札、どれか1枚持って行っていいよ!と言われたら、あなたはどうしますか? 迷わず、「1万円札」を選ぶことでしょう。なぜなら、「お札の中では一番価値がある」と信じているからです。つまり、日本では私たちは何も疑いもせずに、当たり前に1万円札に価値を感じています。

これは、1万円札に1万円の価値を日本の政府が保証しているからなのです。想像してみてください。あなたがお店の店主だとしましょう。突然、目の前に今まで見たことのないお札を、差し出されたらいかがでしょうか？ 見たこともないお札を「1万円の価値があるお札だから、1万円分買い物がしたい！」と言われたらいかがでしょうか？

恐らく大半の店主はこのような対応をするでしょう。「そもそも紙幣なのかもわからないし、そんなものをもらっても1万円分の商品を渡すのに応じることはできない」と。そう、お札というものは結局のところ、紙切れに何か印刷してある物体にすぎないのです。

誰かが勝手に「1万円」と書いたお札のようなものを作っても、それはお金にはなりません。それが、「日本銀行券」と印刷してあると、お金として使えるというだけのことです。

実際、諸外国では過去に政府の間違った政策や紛争のような大混乱で、**「お金」が本当に紙切れ同然になって、価値をなくす国もありました。**

ですので、今後私たちもいつそのような状況に陥るかわかりません。**その時に頼ることができるのは、「人と人とのつながり」**ではないでしょうか。お金の価値はゼロになったとしても、人と人とのつながりはゼロになることがないからです。

私たちがお金を使うことで、ものを売った人や作った会社にお金が入ります。お金があることで、ものが世の中を回っていきます。

しかし、こういうお金やものが循環するだけでなく、同時に「人と人とのつながり」で社会が成り立っている本質が、このことからも理解していただけるでしょう。

見えないお金との付き合い方

【1】キャッシュレスは個人情報が知られやすい

近年、お金の形はどんどん変化しています。硬貨や紙幣を持ち歩かなくても、便利な「キャッシュレス決済」が普及・浸透しています。お子さんにも硬貨や紙幣ではなく、カードを持たせているご家庭も増えていますよね。

キャッシュレス決済とは、現金以外で支払う手段のこと。クレジットカード、デビットカード、交通系電子マネー、バーコード、二次元コードを介した決済など、多くの種類があります。

現代の子どもたちは、生まれた時からこのような便利なものに触れています。生活にとても便利なシステムではありますが、気をつけておかなければいけないことも。それは、**全てはインターネットでのやり取りなので、ハッキングされてしまう可能性がある**こと。

ハッキングとは、**私たちの個人情報や暗証番号やクレジットカード番号が、赤の他人に知られてしまう**こと。あまり考えたくないですが、世の中には悪いことをする人もいます。ですので、悪いように使われてしまうかもしれないということも想定しておく必要があるのです。

【2】電子マネー・クレジットカードの種類&特徴

キャッシュレス決済は、様々な決済タイプに分けることができます。①前払い②即時払い③後払い。大きくこの3種類があります。

①前払いは、先にお金を入れてチャージしておくこと。このチャージした金額分だけ使用できるというものです。②即時払いは、買い物をして支払いをしたタイミングで、同時に銀行口座からお金が引き落とされるものです。③後払いは、購入した後からお金が請求されるシステムです。

このように、年々キャッシュレス決済がスタンダードになってきていますが、「見えないお金」だからこそ子どもたちへの伝え方が難しいと悩んでいる親御さんも多いと思います。

なぜなら、硬貨や紙幣のように「もの」でないので、なかなか**現金と同等の価値がある**

ことの実感がわかないからです。100円使える電子マネーと、1万円使える電子マネー、どちらも重さや形は同じです。では一体、どのようにお金の価値を伝えたらいいのかを一緒に考えていきましょう。

5000円分使える電子マネーを例にしましょう。電子マネーにチャージされている5000円分は目に見えないけれども、見える現金5000円札1枚を並べて同じ価値であることを伝えます。さらに1000円札5枚を並べるのも良いでしょう。電子マネーはJR東日本の「Suica」などの交通系カードなら、それを。PayPayなどのアプリなら、残高が表示された画面を見せるといいでしょう（下の図7）。

図7　電子マネーと現金を並べて、金額を可視化する

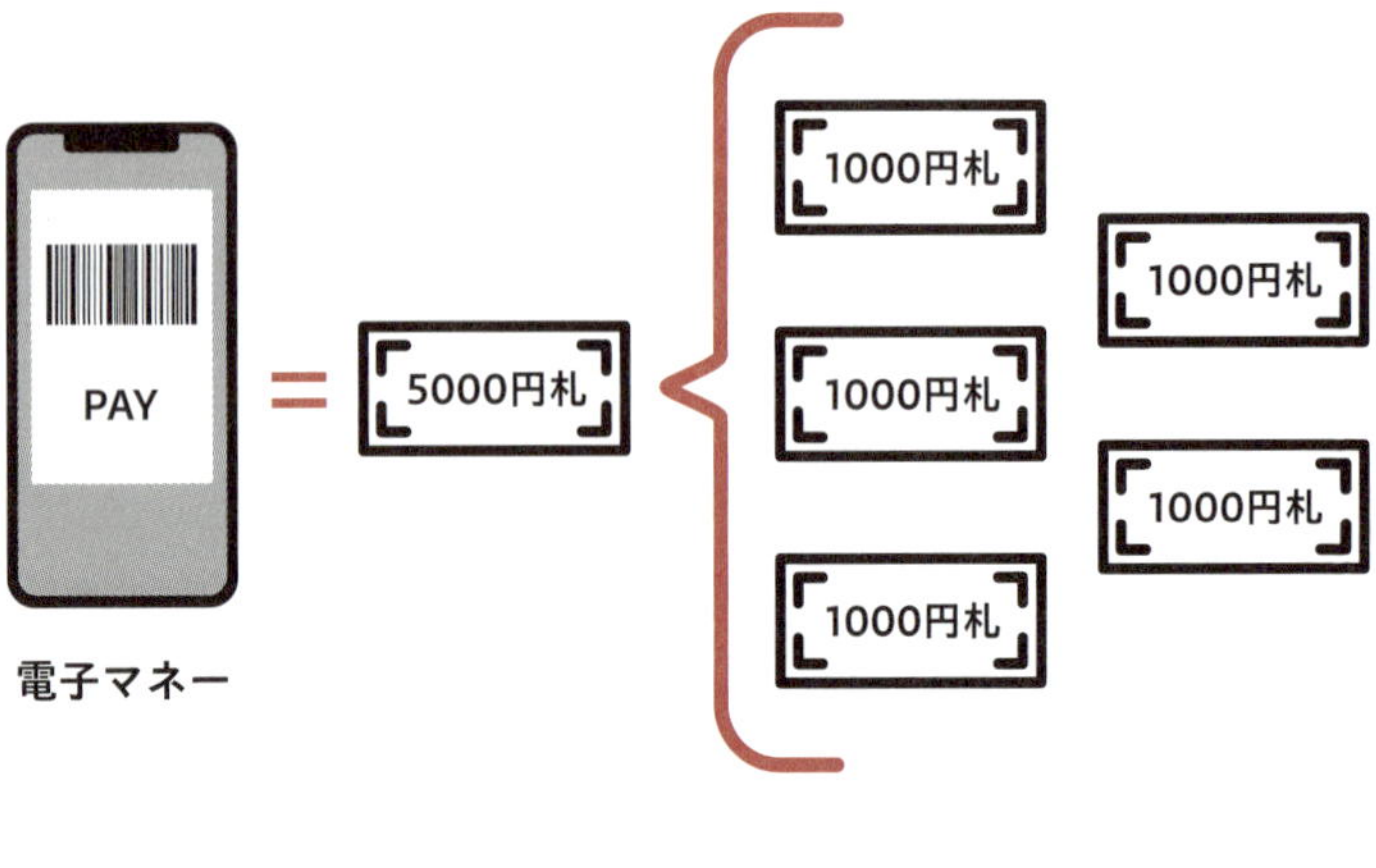

購入者限定！　特別プレゼント

オンラインセミナー

「親子の絆を深めるお金ワーク」&未公開となった【特別章】

**この度は、お買い上げくださりありがとうございます。
本書の内容をより深く理解して、実践につなげていただくために、
「無料オンラインセミナー」をご用意いたしました！**

- 講師：櫻井かすみ
- 参加資格：本書をご購入
- 参加費：無料

さらに……、
◆セミナー参加者全員にプレゼント！
未公開となった【特別章】
「お金をもっと深く知ろう！
各学年ごとに試したいワーク」

▼お申し込みは、下記へアクセス！

下の二次元コードもしくはURLにアクセスいただきますと、オンラインセミナーお申込み画面に移ります。開講後は、アーカイブとして御覧頂けます。

---

https://toushinabi.com/book2/

※この特典は予告なく内容を変更・終了する場合があります。
※本特典に関するお問い合わせは、株式会社トウシナビ事務局（info@toushinabi.com）までお願いします。

ちなみに、最近利用する人が増えているのが、即時払いの「デビットカード」です。自分の銀行口座と連動させたカードを、お店の機械に読み取らせて支払う方法です。商品などの購入時に使用すると、代金は即時に銀行の口座から引き落とされるというものです。

２０１８年からデビットカードの発行枚数は年々増えていて、２０２３年決済動向によると、４年間で約２０００万枚増加しています（※出典：日本銀行「決済動向（２０２３年３月）」）。

【3】魔法のカードと勘違い!? ここだけは気をつけて！

これだけキャッシュレス化が進んできているので、子どもがクレジットカードや電子マネーを「魔法のカード」と思い込んでしまうことはありがちです。「カードを使えば何でも買える」という間違った認識です。これは、現金を使わずに簡単に買い物ができるため、実際にお金が減っている感覚が薄れるからです。

便利な世の中の変化に対応しながら、子どもに正しい金銭感覚を教えることが大切となってくるでしょう。以下のポイントを参考に、お子さんと一緒にキャッシュレス決済と上手に付き合ってください。

①お金の価値を教える

「ピッ」としたらものが購入できるけれども、魔法のカードではない。打ち出の小づちのようにいくらでもお金が出てくるわけではなく、現金と同じように、使えばお金が減るということを伝えましょう。

②使いすぎに注意すること

キャッシュレス決済は、お財布を取り出すことなく、スマホやカードのみで支払いが可能です。便利な一方で、使っている感覚が現金に比べて薄れてしまうことが多いです。手軽さゆえの罠で、使いすぎはリスクがあることを伝えましょう。

使いすぎを防止するには、キャッシュレス決済の種類を限定したり、利用明細や使用金額を把握するのを意識することです。

③毎月or毎週予算を設定する

子どもに渡すおこづかいは、お父さんやお母さんからのお金が多いはずです。毎週、毎月など頻度と予算を決めて、進捗を確認をするのも一つの案でしょう。

そして、お金のチャージを子どもと一緒にすることもお勧めです。硬貨や紙幣の形はしていないけれども、どのような流れでチャージしているのかというお金の流れを知ることができるからです。

④買い物や手続きを通じて、現金を登場させる

例えば、お子さんと一緒に電子マネーが使える環境であれば、積極的に電子マネーを使う方法です。買い物で混み合うお店などでは、電子マネーを使用することで会計の待ち時間の短縮にもつながります。チャージ型で1か月の利用額の上限を事前に決めておけば、使いすぎることもありません。

そして、駅の自動券売機やスーパーのチャージ機で、実際に一緒に現金を挿入して「電子マネー＝お金」ということを実感してもらうのも良いでしょう。

何気ない日常生活の一時で、「電子マネーだけれども、カードには現金だとこれだけの分が入っているんだよ」などと声をかけたり、現金と同じ価値があることを日頃から伝えておくことを心がけるのも良いかもしれません。

最近では、子ども用のＩＣカードを与えるケースも多いですが、手続きをする段階から同伴させるのも良いアイデアでしょう。なぜなら、手続きやお金がかかるところの大切なステップを「見える化」することで、子ども自身にお金の価値を肌で感じてもらいやすくなるからです。

クレジットカードは2枚以内が正解

クレジットカードは、後払い（ポストペイ）のキャッシュレス手段です。商品やサービスを購入する際に使用すると、発行会社による立て替えにより、その場で代金を支払う必要がありません。つまり、手元に現金がなくても買い物ができるカードです。一定期間の利用額を1か月ごとに、登録してある銀行口座から引き落とされる仕組みとなります。

種類も豊富で、どのカードを選んだらいいのか？　使い分けしたらいいのか？　何枚くらい保有すればいいのか？　悩むところだと思います。私たち大人でも迷うくらいなので、子どもの立場になるとなおさらわからないことでしょう。

結論、様々な種類がありますが、**クレジットカードは2枚以内にとどめておくほうが無難**でしょう。2枚だとメインカードとサブカードに分け、**ブランド（Visa、JCBなど）を変えれば、多くの店で対応できて便利**です。

3枚以上をお勧めしない理由としては、複数になればなるほど把握や管理がしづらくなってしまうからです。カード利用額をまとめたら、「え、予想以上に使っていた……」なんてことがないように、使い方の工夫をすることをお勧めします。

そして、クレジットカードの選び方としては、自分のライフスタイルや目的に合ったカードを選ぶことです。以下は、選択や使い分けをする際の参考にしてください。

①年会費の有無

●無料が良い人

・できるだけコストを抑えたいなら年会費無料のカードを選ぶ。

●年会費ありのカードが向いている人

・旅行や高額決済が多く、特典を活用できるなら、年会費ありでも元が取れる。

②ポイント・還元率

還元率1・0％以上のカードが理想。利用頻度の高いサービスと相性が良いカードを選ぶ。

例）イオンの各店舗をよく使うなら「イオンカード」、車によく乗るのなら「ＥＮＥＯＳカード」。

③特典・付帯サービス

●旅行好きなら：海外旅行保険・ラウンジ特典付きカード。

●ネットショッピングが多いなら：通販系カード（楽天カード、Ａｍａｚｏｎカードなど）。

●**地元で徹底的に使うのなら**：鉄道系カード（東急カード、阪急カードなど）。

④利用シーン

●生活費決済用／ネットショッピング用／旅行用など、用途を考えて選ぶ。

⑤限度額

●限度額が高すぎると使いすぎるリスクがあるので、収入に合ったものを設定する。

その他比較するポイントとしては、引き落とし口座は統一できるか？　使いすぎないよう管理できるか？などです。ご自身のライフスタイルに合った種類、枚数を選ぶことがポイントになります。

それぞれの利用シーンや頻度に応じたパターンで、メインカードとサブカードを上手に使い分けしていきましょう。

第6章

家庭のお金の流れを知ると生活が変わる！

¥

収入、支出、家計のことを子どもに教えよう

子どもが親の年収に興味を示すことはあっても、生活費を気にすることは多くないかもしれません。特に日本では諸外国と比べて、家庭内でさえもお金の話を口にすることには、タブー感が否めません。周りから「下品だ！　汚らしい……」と思われるのではないか？と気にしてしまう傾向があります。

しかし、**子どもが家計のことを知ることは大切**です。なぜなら、**限られたお金をどのように使っていくか考えるきっかけになるから**です。

ですので、家族やパートナーなど大切な人だからこそ、お金の話についてもっと気軽にもっと楽しく話し合うことができたらと願います。そうすることによって、**お互いの価値観や未来についても具体的にわかり合うことにつながる**からです。

では、一体どのように伝えたら良いのでしょうか？

【1】収入について

「月に10万円」「月に20万円」と答えたところで、**ある程度の年齢にならないと理解が難しいことが多い**です。そのような場合は例えば実際に、**お札を用意してみるのも良い**で

しょう。

まず、1万円札を10枚、ないし20枚用意します。「あなたが好きな○○はこの1万円札1枚で、×個買えるんだよ」など、子どもがイメージしやすいように伝えるのもポイントになります。「毎月生活をするだけで、この1万円札を10枚（20枚）使っているんだよ」なども、併せて伝えてあげる工夫もできます。

一方、金銭感覚が養われてきた年齢だと、「お給料はいくらもらっているの？」。このように聞かれて戸惑ったという親御さんもいらっしゃるのではないでしょうか。言葉を濁《にご》してしまうと、今後お子さんも家庭でお金の話を聞きづらくなってしまいます。

そこは**目をそらさずに向き合うほうが懸命**です。そうすることによりお子さんも、親御さんは隠し事をせずに向き合ってくれている、という気持ちを持てると思います。

とはいえ、**具体的な額面を伝えるのに抵抗があるようでしたら、「去年と比べて〜」や「○年前からすると〜」など、家庭の伸び率に注目して伝える方法もあります。**

その他、「日本人の平均年収は458万円（※国税庁「令和4年分 民間給与実態統計調査」より）。月にすると458万円÷12＝約38万円。ただ、月に38万円全てもらえるわけではなくて、ここからさらに税金や社会保険料が20％くらい差し引かれるんだよ」などと伝えても良いですね。

【2】支出について

私たちは、生きていくために様々なところにお金を使ってきています。例えば、五大固定費（光熱費、通信費、車の維持費、住宅費、保険料）、学費、習い事、おこづかい、食費、日用品、レジャー費、医療費など挙げたらキリがありません。

しかし、突然このような家計のことを話されても、お子さんたちは戸惑うはず。ですので、**月によって予算を立てる時に、来月欲しいもの、来年新調したいものなど家庭内で話すことがスムーズではないでしょうか。「そのためには、いつまでにいくら必要だよね」と可視化する**わけです。

そして、家庭はいつも安定しているとは限りません。あまり考えたくありませんが、突然病気やケガで働けなくなることも想定しなければなりません。その際に、急にお子さんにお金や家計の状況を伝えるより、日頃の日常生活の中から少しずつでも話をしておくことが良い機会になるのではと思います。

子どもが普段接するものから、徐々にお金に絡めた話をする

もしかすると「子どもに家計のことを話すなんて想像つかない……」と躊躇《ちゅうちょ》される方も

いらっしゃるかもしれません。しかし、説明をすることなく「無駄遣いしてはいけない」「節約しなさい」などと伝えても、納得するはずがありません。どうしてなのか?と不満がつのることにつながってきてしまいます。

親であれば、「できる限り子どもにお金の苦労をさせたくない、気にさせたくない」と思うものでしょう。

しかし、**子どもに現在の家計状況を伝えることは、子どものお金の教育の大切な根幹の一つにもなります。**何か欲しいと言えば、親からすぐに与えられる状態であると、いつまで経っても「お金の価値」が理解できないからです。

子どもたちが日頃使っている、鉛筆や消しゴムのような文房具、服などから入ることで、お金がかかっているイメージを持ちやすくなります。学校や習い事への向き合い方が変わったり、今まで以上にものを大切にしたり、何か欲しいものがあっても自分でおこづかいを貯めて購入しようとするような変化が訪れるかもしれません。

逆にうまくいかなかったパターンとして、家族を招集して「お金の話をしよう!」と意気込んで家族会議を開くことです。急な展開は、「急にお金がなくなってしまったのではないか!?」と不安や心配を煽《あお》る展開になりかねません。

ですので、**家庭内のイベントや学校や習い事の行事、日常生活の中から少しずつお金のことに絡めて話をすることが理想的**です。大切な家族、パートナー、相手だからこそ、うやむやにすることなく向き合っていただけたらと願うばかりです。

税金とは、社会がうまく回るために必要なもの

例えば、税金の話をするのであれば、救急車を挙げてみるのも良いかもしれません。救急者を利用する祭、私たちは直接お金を払うことはありませんが、実際には1回の出動で約4万5000円という大きな費用がかかっています。このコストには次のような項目が含まれています。

- 救急隊員の人件費：救急車に乗っている隊員の給料。
- 車両の維持費：ガソリン代や車両の整備費。
- 医療器具や資材の費用：救急車に備え付けられている医療器具や消耗品の補充費用。
- 通信費用：119番通報を受けて、出動要請を行うための通信設備の運用費。

これら**全ては「税金」で賄《まかな》われています。**そもそも**税金とは、私たちが住む社会を支え**

合うために、みんなでお金を少しずつ出し合う仕組みのことです。私たちの周りには、税金で作られたものや買ったものがたくさんあります。

例えば、救急車以外に、公立の小・中学校で使っている教科書や机やイス、パソコン、実験道具、マット、ボールなどの教育資材。そして、私たちが普段歩いている道路や信号機も税金で作られています。

この税金は、働いた分の給料から引かれているものです。**もし、税金がなくなってしまったら、今無料で受けられているサービスが、お金を払わないと受けられなくなる仕組みに変わります。**

もしかすると、働いた分から税金を支払うだなんて負担が大きいと思われているかもしれませんが、税金がないと私たちの暮らしは一気に変化してしまいます。学校の備品を使うこと、救急車を呼ぶこと、警察官に助けてもらうこと、道路を歩くこと、全て有料になってしまう可能性があるからです。

ですから**税金は、社会がうまく回るため、私たちが円滑な生活を送るために使用されているもの。**払うことが負担ではなく、どのように使われているかを考えていきたいものです。

¥ まずは消費税から学んでみよう ～子どもと一緒にできるクイズ付き

税金には様々な種類があり、大きく2通りの分類方法があります。

「どこに納めるかによる分類」

国に納める税を「国税」、地方公共団体（市区町村）に納める税を「地方税」といいます。

「納め方による分類」

税を納める人と負担する人が同じ税金を「直接税」といい、税を納める人と負担する人が異なるものを「間接税」といいます。

子どもたちも税金を払っている！

税金は、大人が支払うものと思われてい

図8　税金の分類方法

		直接税	間接税
国税		所得税、法人税、相続税、贈与税など	消費税、酒税、たばこ税、関税など
地方税	道府県税	道府県民税、事業税、自動車税など	地方消費税、道府県たばこ税、ゴルフ場利用税など
	市町村税	市町村民税、固定資産税、軽自動車税など	市町村たばこ税、入湯税など

出典：国税庁「税金の分類方法」

るかもしれませんが、実は**子どもも支払っています。それが「消費税」**です。消費税とは、何か**ものやサービスを購入した時にかかる税金**のこと。スーパーやコンビニでものを購入した時には、毎回私たちは支払っているのです。

税金は、国民が安全で快適に暮らすために使用されています。みんなの役に立つものを作り、より良い暮らしをするために少しずつお金を出し合うシステムです。

そもそも消費税とは、１９８９年に商品の販売やサービスの提供に対して３％の税金を納める仕組みとして導入されたもの。そこから、１９９７年には5％の税率、２０１４年には８％の税率、２０１９年には10％の税率に変わりました（税率は、地方消費税を含む）。

このように、時代の流れとともに、税率や仕組みはどんどん変化していきます。

子どもと一緒にできる「税金〇×クイズ」に挑戦！

問題1「税金を納めるのは18歳以上である」
問題2「消費税の税率は世界共通である」
問題3「子どもがもらうお年玉やおこづかいにも、税金がかかる場合がある」
問題4「救急車の出動する費用は税金で賄われている」

問題5「公立学校で使われる黒板、教科書、机などにも税金が使われている」

問題6「道路や信号機には税金が使われている」

【解答】

問題1：×

　子どもでも買い物をする時は、消費税を支払っています。

問題2：×

　日本では1989年に消費税を導入しましたが、税率は各国異なります（下の図9）。

問題3：○

　年間110万円を超えるものについては、「贈与税」がかかります。

問題4：○

　救急車の維持や出動費用は税金で賄われ

図9　世界各国の消費税の税率

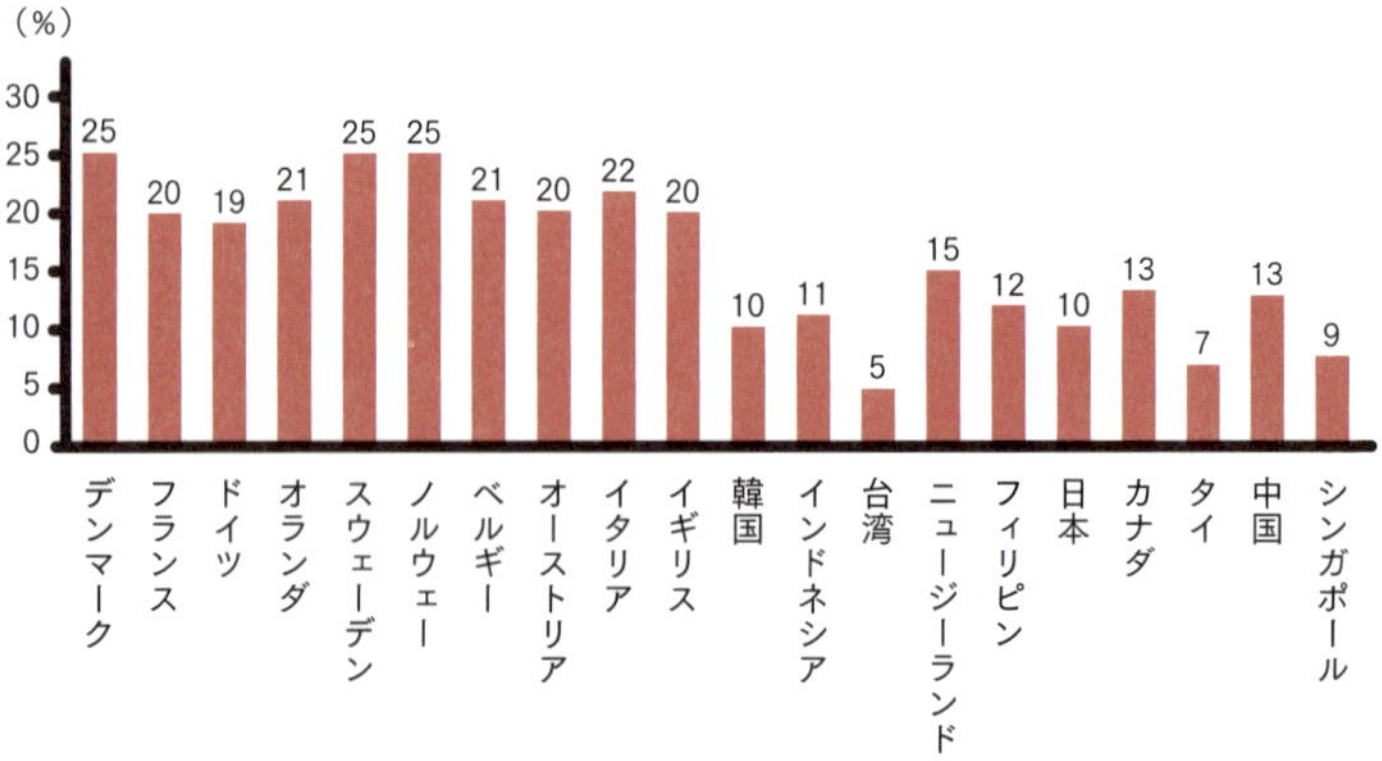

出典：国税庁「消費税（付加価値税）の標準税率（2024年1月現在）」

ていて、1回出動するのに約4万5000円かかるといわれています。令和3年の全国出動件数は、619万3581件となっており、1日平均すると1万6969件で、約5秒に1回の割合で出動したことになります。年間約2800億円弱の費用が税金から捻出されている計算になります。

問題5：〇

みんなが教育を受けることができるよう、建物、机、黒板、イス、机などにも税金が使われています。

問題6：〇

信号機は1基あたり、よく見かけるもので約470万円使われています。

ふるさと納税も立派な税金 ～なんで2000円だけで、高級食材などが手に入るの？

ふるさと納税は、自分が住んでいる自治体（市区町村）以外の好きな自治体に「寄付」という形で応援できる制度。それに伴い、所定の自己負担額を除く全額が、所得税および住民税から控除されます。

応援した自治体からは、お礼として特産品（肉・米・フルーツなど）がもらえます（一部、返礼品がない場合もある）！ 具体的には、**自己負担額の2000円を除いた寄付の金額が、所得税と住民税などの税金から控除される**というものです（一定の上限はあり）。

ただし、自己負担額を2000円にとどめるためには、自分の控除限度額を知ることが大切です。控除限度額は、収入や家族構成に応じて上限があります。**限度額シミュレーションを使用することで、あなたの状況に合わせた控除限度額を調べることができる**ので最初に確認してみてください。

例えば寄付額4万円の場合、控除額が3万8000円で、実質的な自己負担額が2000円。こういうイメージです。通常であれば、お金を払って納税するだけですが、ふるさと納税を利用すると2000円で返礼品を受け取ることができます。

ふるさと納税の仕組み

簡単3ステップを踏むだけ！

ステップ1）好きな自治体（市区町村）に寄付する。
ステップ2）寄付した自治体からお礼の品（特産品）が届く。
ステップ3）翌年の税金（住民税や所得税）が安くなる！

ふるさと納税のポイント

- 実質2000円の負担で特産品がもらえる！
- 応援したい地域を選べる！
- 税金の一部を前払いする仕組み（翌年の税金が安くなる）！

ふるさと納税の注意点

①寄付できる金額には上限がある（収入によって決まる）。
②税金控除の手続きを忘れない（「ワンストップ特例制度」or「確定申告」が必要）。

ふるさと納税は、好きな自治体を応援する仕組み。「寄付」を通じて、応援したい地域を支えることにつながります。自治体が得られるメリットとして、町や村に「新しい財源」ができることです。地域の魅力を全国にPRできて、地元の農業・漁業・伝統工芸など産業が活性化します。

ふるさと納税の応援の仕組みとしては、「地元を応援して、生まれ育った町に貢献したい！」「災害支援して被災地の復興を助けたい！」「特定の事業に寄付して、子どもや医療や環境に貢献したい！」などです。

応援したい自治体を選ぶことで、自分のお金があなたの思いと一緒に「良い形」で使われます。あなたにとって、「良い形」とはどのような使い道でしょうか？　どんな思いを抱えていますか？　そんな話をお子さんと一緒にするのも良いですね。

「大人になると働かないといけない」ではなく、「働きたい」と思うために知っておきたいこと

働くとは、お金を稼ぐためだけでなく、人の役に立つこと

なぜ働いてお金を稼がないといけないのでしょうか。日常生活を送る上で、お金は必要です。着る服、食べるもの、寝る場所――**衣食住を満たすために生きる基本を得るには、お金が必要だから**です。

働くことは、人に喜んでもらえる素敵なこと。何かものやサービスを提供し、「ありがとうの対価」でお金をもらいます。そのお金を使って、また人に働いてもらいます。

つまり、お金を使うと社会が動き、お金という道具で支え合う社会が作られているのです。

子どもに働く素晴らしさを伝えてみよう！

「ママ、毎日なんで働いているの？」。ある日、子どもからこんな質問をされた時、あなたはどう答えますか？

もしかしたら、ハッと言葉に詰まるかもしれません。というのも、「働く」ということを説明するのは意外に簡単ではないから。

実際、子どもたちは「働く」ことに対して、どのような印象を持っているのか、子ども

たちから見て働いている大人はどのような姿として目に映っているのでしょうか。

「働く」とは、ただ単にお金を得るだけのことではありません。誰かを助けたり、みんなの生活を良くするために、何かをすることです。みんなが働くことで他の人が困らないよう、手助けをしています。

つまり、働くことは「人の役に立つこと」だと考えると、わかりやすいでしょう。レストランのシェフなら「美味しいご飯を作ってくれてありがとう！」、バスの運転手の場合は「安全に行きたい場所まで運んでくれてありがとう」、学校の先生でしたら「勉強を教えてくれてありがとう」。このように働くことで、たくさんの人に「ありがとう」と言ってもらえます。

そして、**働くことは、「自分自身への成長」にもつながります。**なぜなら、今までにない知識やスキルがどんどん増えていくことがあるからです。

以上を踏まえて、「働くこと」「人の役に立つこと」について一緒に考えてみましょう。具体例を４つ挙げますね。

①お手伝いをする

例えば、おうちでお母さんやお父さんのお手伝いをすることも「働く」ことに似ています。お皿を洗う、お掃除する。こういったことで、家がきれいになりますよね。これも、家族が暮らしやすくなるために手伝っているので、「人の役に立つ」ということです。

子どもがお手伝いをしてお母さんが楽になると、お母さんは他の大事なことに時間を使えるようになり、喜んでくれます。

②お店の店員さん

例えば、お店で商品を売っている店員さんも働いています。店員さんはレジで会計をするだけではなく、お客さんが欲しいものを見つけたり、商品を探したり、質問に答えたりして、お客さんが困らないように助けてくれます。こうして、みんなが快適に買い物をできるように手助けするのが「人の役に立つ」ということです。

あなたがスーパーに行った時、店員さんが「これをお探しですか？」と教えてくれることで、欲しいものをすぐに見つけることができるようになります。このように、店員さんはお客さんが困らないように助けているのです。

③医師や看護師

病気やケガをした時に、助けてくれるのが医師や看護師。みんなが元気になれるように、診察したり、治療したりします。これも「働く」ということが、人の役に立っている例です。

あなたが風邪を引いた時に病院に行くと、医師が診てくれて、どんな薬を飲めば良いか教えてくれます。入院した時も、点滴などで看護師がケアしてくれます。彼らのおかげで元気を取り戻すことができるのです。

④先生

先生は、勉強を教えてくれます。それによって私たちは新しいことを学び、成長します。先生はみんなが賢くなるように手助けしてくれているので、先生の働きも「人の役に立つ」ということです。

あなたが学校で新しいことを学んだ時、その知識はこれからの生活で役に立つものです。行きたい学校に進学できたり、社会で活躍できたりするようになります。

【まとめ】

「働く」とは、誰かを助けたり、みんなの生活を良くしたり、自分自身への成長につながったりします。「働く理由」を一緒に考えたり、子どもたちに伝えることは親としてできることだと思います。

まずは親として、子どもにご自身の仕事のことをお話ししてみましょう。職種によってはなかなか伝えにくいこともあるかもしれませんが、良いこともそうでないことも話してみるのも大事だと思います。

特に失敗談を共有することをお勧めします。子どもは「大人でも失敗することあるの？」と、安心できるからです。失敗しても、そこから何を学び、そして次にどう活かしたのか？を知ることができます。「失敗しても大丈夫！　次また頑張ればいいから」と思えます。

そして、「働くこと」は「人の役に立つこと」だと考えると、とてもわかりやすいですし、尊く素晴らしいことだと思えます。働いて得たお金を使うことで、一人一人が他の人を支え、社会全体でみんなで助け合って生きていくことができるのです。

¥ 会社とは誰のためのもの？

あまり普段考える機会はないかもしれませんが、会社とは誰のためのものでしょうか。法律から見ると、「株主」のものです（株式会社の場合。ただし他の形態の会社も、誰かしらお金を出す人がいて成り立っています。以下でもお金を出す人を、株式会社を例として「株主」として話を進めます）。なぜなら、株主たちがお金を出しているおかげで、会社が成り立っているからです。

ただし、会社は多くの人たちが関わることで、事業が回り成長しています。誰一人欠けてはいけないのです。ですので、お金という切り口ではなく社会全体で考えると、「会社とはみんなのもの」という回答も間違っていないです。むしろ企業の在り方を、より広い視点で捉える考え方です。

結論！ 会社はみんなのもの

会社は、大きく分けると社員、お客様、株主の3つの協力によって、成り立っています。

①社員（働く人たち）：会社で働く人たちは、会社を作り上げ、運営しています。彼らの仕事によって、会社は動き、商品やサービスを提供します。

②お客様（会社の支え手）：会社はお客様に商品やサービスを提供することで成り立っています。お客様のおかげで、会社はお金を得ることができ、さらに多くの人に役立つ商品を作ることができます。

③株主（投資家）：会社には、お金を出資している人たちもいます。彼らは会社の成長に投資し、その見返りとして利益を得ることを期待します。

さらなる成長という観点で見ると、次のことがいえます。

社員が新しいアイデアや技術を提供：社員は、会社の運営を通じて新しいアイデアを提供したり、技術を向上させたりします。これにより、会社はより高品質な商品やサービスを提供することができ、競争力を高めることができます。

お客様がフィードバックを与える：お客様からの意見や要望を受けて、会社は自分たちの提供する商品やサービスを改善していきます。お客様の声に耳を傾けることで、会社はより良い商品を提供できるようになり、より多くのお客様を引きつけることができます。

株主が資金を提供：株主が会社に資金を提供することによって、会社は新しい事業に挑戦したり、技術開発を進めたりすることができます。資金が増えることで、会社はさらに大きな規模で事業を展開することができるのです。

これらがうまくいくことで、会社は発展し、さらに多くの人々に価値を提供することができるのです。つまり、**「会社はみんなのもの」**であり、会社の成功はこれら全ての人々の協力によって作られていくのです。

働き方には大きく4種類が存在する（ESBI）

世の中には、様々な働き方があります。2019年の経団連による「終身雇用見直し」の宣言以降、国が副業を推奨していたりすることから、「起業」「副業」する人も増えてきました。

「会社に勤めているから安心」という時代は、過去のものとして終わりを告げています。大人も子どもも将来に向けて、「働き方」を考えて行動していくことが必要となったのです。

働き方を考える中で、**一つ大切になってくるのが「ESBI」という考え方。**これは、ロバート・キヨサキの著書『金持ち父さん 貧乏父さん』（白根美保子翻訳／筑摩書房）で紹介された「キャッシュフロー・クワドラント」という概念に基づいています。耳にされた方も多いのではないでしょうか。では実際に、お子さんたちに内容を説明できますでしょうか。ESBIは、働き方やお金を得る方法を4つのカテゴリーに分けたものです。この4つのカテゴリーは以下の通り。

E（Employee）：従業員
S（Self-employed）：自営業（個人事業主）
B（Business Owner）：ビジネスオーナー（事業主）
I（Investor）：投資家

それぞれの働き方について、わかりやすく説明します。

①E（Employee）—従業員

従業員は、会社など組織で働く人のことです。会社などに雇われて、お給料をもらいながら仕事をします。例えば、メーカーの商品開発や営業、デパートの店員さんなどが従業員です。

- 従業員は毎月決まったお給料をもらい、決まった時間に働きます。
- 社会的信用が高く、ローンが組みやすいです。
- 社会保険・福利厚生が充実していることが多いです。

②S（Self-employed）—自営業

自営業は、自分でビジネスをする人です。例えば、レストランを経営している人や、先生として個人で教える人などが自営業です。

- 自分で仕事を見つけて、お客さんとやり取りをします。
- 自由な時間に働けるという良い点がありますが、自分で全部決めなければならないので、大変なこともあります。
- 仕事がない時はお金がもらえないこともあり、収入が不安定になることもあります。

③B（Business Owner）—ビジネスオーナー

ビジネスオーナーは、会社を持っている人のことです。自分でお店や会社を作り、そこで働く人を雇ってビジネスを運営します。

- 会社や事業を所有し、自分が働かなくても収益を生む仕組みを持っています。
- 社員やシステムに仕事を任せられるため、時間の自由が増えます。

④I（Investor）―投資家

投資家は、お金を使って他の人のビジネスに投資する人です。例えば、株を買ったり、不動産を買ったりする人が投資家です。

- 自分が働かなくても、お金を使って他の人のビジネスから利益を得ることができます。
- 資産から収益を得るため、労働時間と収入が結びつかないこともあります。

収入を得る方法は大きく「労働収入型」「権利収入型」の2つがある

収入を得る方法を分類する概念のことで、大きく「労働収入型」と「権利収入型」に分けることができます。

どちらが良い悪いはなく、両者をバランス良く組み合わせるのが大事。そうすることによって、リスクを分散しながら、自分で選択していくことが重要になってきます。

【1】労働型（労働収入型）

・自分の時間や労働力を提供して得る収入のこと。
・働いた分だけ収入が得られる仕組み。

●特徴

1）収入の基準

・働いた時間や労働の成果が収入に直結する。
例）時給制、日給制、成果報酬型の仕事。

2）時間の制約

・労働を続けている間しか収入が得られない（時間＝収入）。

●安定性

・一般的には安定した収入を得やすいが、労働が途切れると収入も途切れる。

●リスク

病気やケガなどで働けなくなると収入がなくなる可能性がある。

●例

サラリーマン（給与収入）／アルバイト、パートタイム／自営業者やフリーランス（成果に基づく収入）。

【2】権利型（権利収入型）

・所有する権利や資産が収入を生み出す仕組み。
・自分が直接働かなくても収入が得られる。

●特徴

1）収入の基準

資産や権利が収益を生むため、労働に依存しない。
例）著作権、不動産収入、株式の配当金。

2）時間の制約

・自分が働かなくても収入が発生する（不労所得）。

●安定性

・資産や権利が継続的に収益を生む場合は、安定した収入源となる。ただし、資産の価値が下がるリスクもある。

●リスク

・初期の投資や仕組み作りに、時間や資金が必要。また、収入を維持するために管理や改善が求められる場合もある。

●例
不動産の家賃収入／株式の配当金／著作権や特許権収入／フランチャイズの権利収入。

全ての働き方をコンプリートしているからこそわかること

ＥＳＢＩの働き方を見ていただき、いかがでしたでしょうか。あなたの理想の働き方は、ＥＳＢＩのどこにありますか？　そして、お子さんにどのように伝えていけそうでしょうか？　正解はありませんし、どの働き方が優れているとか悪いとかはありません。

私は、ＥＳＢＩ全ての働き方を経験しています。働くことができなかった時期もあるので、無職やニートの気持ちも理解できます。世の中にある働き方をほぼほぼコンプリートしているからこそわかるのですが、**大切なのは、自分の得たい未来、理想のライフスタイル、価値観、そしてやりがい**です。

例えば、より多くの自由な時間を得るためには、「ビジネスオーナー」「投資家」です。なぜなら、非労働型の収入だからです。労力や時間を必ずしもかけなくても収入を得られるという形です。反対に、企業に属して決まった給料や賞与が欲しいと望むのであれば、終身雇用とまではいいませんが、比較的安定している「従業員」が適しています。

例えば、外資系の企業の「会社員」だとグローバル規模での仕事に携われたり、個人事業主や中小企業の経営者ではできないような仕事にもチャレンジできたりするという意味では、そこに魅力を強く感じる方もいらっしゃるでしょう。それもあって、ＥＳＢＩのどれが良いと一概に言えないのです。

それぞれの働き方や収入を得る方法を知ること。自分がどのポジションにいるのかを把握し、目指したいところをイメージして目標や行動指針を作るのが大事です。知った上で選択・判断していきましょう。子どもたちにこのようなことを伝えていきたいのであれば、まずは親である私たちが自分の選択に自信を持つことです。

「事情があって働かない」という選択をしていてもＯＫなのです。過去に私にもそのような時代がありました。そこに後ろめたさを感じる必要はありません。自分に合った働き方や生き方を探していくことで、これからの時代で大きなチャンスを掴める可能性があるからです。

もう一度、お尋ねします。

「あなたはどのような働き方がしたいですか？」

「子どもたちに何を伝えていきたいですか？」
「どのような人生を歩んでいきたいですか？」

稼いだお金はどこに行くの？

「お金はあちらこちら旅しています」。お金は人の手から手へと移動して、社会の中を旅しているようなものです。子どもにお金の流れを伝える時、「お金は旅をしている」と考えると、わかりやすくて楽しくなります。

そして、お金は「人の役に立つこと」や「欲しいものを作ったり売ったりすること」で、手に入れることができます。そのようにして稼いだ「お金」は、消えずに人々のもとを循環しています。

お金は誰かの役に立つために使われている、使われることで社会が動く、大切に使うともっといい旅をする、このような流れでまるで旅をしているかのごとく色々な場所に移動していきます。

子どもたちには例えば、次のように語りかけると伝わりやすいでしょう。

●生活に必要なものに行く

「ご飯を買う、家賃を払う、水道代や電気代を払うといった感じで、生活に必要なものに使われるよ。例えば、スーパーでご飯を買うと、お店の人がそのお金を受け取るよね。お店の人もそのお金で、自分の生活で欲しいものを買う。こんなふうにお金は、どんどん次の人へ渡っていくんだね」

●貯金に行く

「お金を少し貯めて、将来のために備えるよ。例えば、新しいランドセルやゲームを買うようなある程度の額が必要になった時や、病気やケガをして急に予想もしない出費が発生した時に役に立つんだよ」

●楽しいことに行く

「家族で映画を観に行ったり、遊園地に行ったり、おもちゃや好きなものを買うために使うこともあるよ」

●税金という形で社会に戻る

「働いてもらったお金の一部は「税金」という形で国に渡るんだ。このお金はみんなが使う道や学校を作ったり、困っている人を助けたりするために使われるよ」

このように、**お金は「働く人→使う人→次の人」というように、多くの人々の間をぐるぐる旅しています。お金はみんなの生活や社会をつなげていく大事な道具**です。だから、**「お金をどう使うのか」「どんなふうに役立てるのか」が重要なポイントになってきます。**

「好き」や「得意」を仕事にするには？

「好きなことを仕事にしたい！」

「得意なことを活かして働きたい！」

働き方が多様化している中、少なからず自分でお金を生み出すスキルが欠かせなくなってきています。では一体、何から始めたらいいのでしょうか。

答えは、シンプルです。「お金を稼ぐ」ということは、誰かが困っていることや必要としていることを解決し、その対価として「お金」をもらうことです。つまり、「問題解決の対価」として、「お金」が発生しているのです。

ですので、ポイントとしては、**好きや得意を「誰かの役に立つ形」に変えること**です。

問題解決とは？

問題解決とは、誰かが「困っていること」や「こうなればいいな」という願いを叶えるための手助けをすることです。その結果として、相手は感謝の気持ちとともにお金を支払ってくれます。

例1）飲食店

- **お客さんの問題**：お腹が空いている、家で料理をする時間がない。
- **解決方法**：美味しい料理を提供する。
- **お金が発生する理由**：お客さんは「美味しい料理にありつけない」という問題を解決してもらったからお金を払う。

例2）洋服屋さん

- **お客さんの問題**：着る服がない、自分に合ったファッションを探している。
- **解決方法**：服を売ったり、スタイリングのアドバイスをしたりする。
- **お金が発生する理由**：お客さんの「着たい服がない」という問題を解決した。

やりたいことの見つけ方

夢を持つことはとても素晴らしいことです。キラキラした瞳で夢を追いかける姿は、何よりも尊くかけがえのない時間です。

また、夢は子どもの成長の過程において、重要な役割を持っているとされています。子どもは夢を持つことで、近づけるように努力する力を育みます。ただ、思春期を迎える頃には、夢も複雑化してくるケースがあります。「実現可能なのか？」「果たして、自分に達成できるのか？」——多くの要素が絡み合い、将来を模索するようになります。

幼い頃はすぐに答えられていた質問でも、成長するにつれて思いつかなくなる人も少なくないでしょう。

●やりたいことが見つからない時に親子で話してほしいこと

「やりたいことが見つからない……」と悩むことは、誰にでもあることです。でも、焦らなくて大丈夫！　大切なのは**「探し方」「考え方」を変えてみること**です。多くの人が「やりたいことを見つけよう」と考えすぎて、何も行動できなくなります。

でも実は、**やりたいことは考えているだけでは見つかりません。まずは「小さく試す」ことが大切**です。以下のステップを活用して、お子さんの興味や目標を探すための参考にしてください。

●「好きなこと」を見つける

・質問形式で楽しく考えさせる。
「どんな時が楽しい？」

「ずっとやっていても飽きないことは何？」

「好きな教科や遊びはどれ？」

例）絵を描く、ゲームをする、スポーツをする、動物と遊ぶ、本を読む、ものを作る。

●「得意なこと」を探す

・質問形式で見つける。
「学校や家で、よく褒められることは何？」

「周りの人が『すごいね』って言ってくれたことはある？」

「みんなが苦手だけど、自分は簡単にできることは？」

例）計算が早くできる、体を動かすのが得意、絵が上手、話すのが得意、整理整頓ができる。

●「興味のあること」を増やす

・いろんな体験をさせてみる。

「習い事やクラブ活動に参加してみない？」

「家で一緒に新しいことをやってみない？（料理、工作、読書など）」
・例え話でその気にさせる。
「新しいことに挑戦するのは、知らない宝箱を開けるようなもの。何が入っているかわからないけど、開けてみると楽しいかも！」

●「夢中になること」を見つけるヒント

・とっかかりが見つかりそうな声かけをしてみる。
「今、ずっとやっていたいと思うことは何？」

「もし学校の宿題を全部終わらせたら、何をしたい？」

「時間がたくさんあったら、どんなことをしてみたい？」
・例え話で説明。
「夢中になれるものは、続きを知りたくなるゲームやアニメみたいなものだよ！」
・安心させる（その場では見つからなくても、考え続ける習慣が身につくことも）。
「やりたいことは、今すぐに見つけなくてもいいんだよ」

「いろんなことを試してみるうちに、自然と『これだ！』と思うものが出てくるよ」

親は子どもの人生の大切なサポーターです。サポートすることで、子どもは「お金の力」と「自分の力」を信じられるようになります。色々な体験・経験をすれば、それがやりたいことにつながり、夢になることもあります。

このように、楽しいこと・ワクワクすることを深堀りしていくのもヒントになります。

勉強って何の役に立つの？

「なんで勉強しないといけないの？」

こんなことを聞かれたことがある大人も多いのではないでしょうか。以前であれば、「良い大学、良い会社に入るために……」だけれども、今は時代の転換期を迎え、学歴社会・終身雇用制度は崩壊しています。

今まで以上に、「勉強する理由がわからない」と思っている子も多いのではないでしょうか。勉強をして良い学校に入って、一般的に良い企業に入社したとしても、その先の未来に何が待っているんだろう？というような声も聞こえてきそうです。

「学校の勉強なんて将来役に立つ場面はないのに……」「なぜ勉強しないといけないの？」という子どもたちのこの疑問に、あなたならどう答えますか？　思わず、言葉が詰まってしまう経験もありませんか？

でも、**「なぜ？」と聞かれたら、逆に大チャンス！　子どもと向き合って一緒に考えてみる絶好のチャンスだから**です。

改めて、勉強とは一体なんでしょうか？　「勉強」とは、新しいことを知ったり学んだりして、自分の未来を作るための準備をすることです。勉強をすることで、「人生の選択肢が広がる」「人生が豊かになる」といった、知識以外の部分でも役立つと伝えることが大切です。

ただ学校の授業を受けるだけではなく、好奇心を持って物事を知ろうとする全ての行為が勉強に当たります。**学校や塾だけじゃなく、日常生活の中でも学ぶことはたくさんあります。**

①勉強の本質

1）自分の未来のカギを作るもの

- 勉強をすることで、将来の可能性が広がります。例えば、読み書きを学ぶと本を読んだり手紙を書いたりできるようになり、世界が広がります。

2）知らないことを知る楽しみ

- 勉強は単なる義務ではなく、「新しいことを知るワクワク感」を楽しむことができます。

3）生きるための力を育む

- 勉強は生活を便利にしたり、自分の目標を達成したりする力を育てます。

②勉強はどんな場面で役に立つ？

1）将来の仕事や夢に近づくため

- 勉強することで、様々な仕事や夢に必要な知識やスキルを得られます。

2）人と話したり助け合ったりするため

- 勉強することで、コミュニケーション能力や他人を理解する力が身につきます。

3）困った時に自分で解決するため

- 問題を見つけて解決する力は、勉強を通じて育まれます。

③勉強は学校だけじゃない

1）日常生活の中にも勉強はある

- 学校の勉強だけが「勉強」ではなく、家事を手伝ったり、自然を観察したりすることも勉強の一部です。

2）失敗も勉強の一つ

■失敗から学ぶことも重要な勉強の一部です。

④勉強を通じて育つ力

●好奇心：未知のものに興味を抱き、さらに知りたいという気持ちをかき立てられる。
●問題解決力：自分で調べて、分析して、答えを見つけ出す。
●コミュニケーション能力：わからないことを質問したり、教えてあげる力が身につく。
●自己管理能力：期日までにどのくらい達成すべきかを、計画を立てて実行。
●将来へ向けた行動力：学んだことを活かして、新たな挑戦や進路につなげていく。

「なんで勉強をするの？」と聞かれると、伝え方が難しく大人も戸惑ってしまいますよね。そこまで深く考えたこともなかったという方もいるかもしれません。

「勉強は最低限できたほうが良いでしょ！」と突き放してしまうと、子どもはモヤモヤを抱えながら引きずることにもなりかねません。考えの押し付けになってしまうと逆効果ですし、親の言葉に違和感を覚えるのであれば、反発することもあるでしょう。

そこで例えば、お子さんにとっても、社会にとっても、両方の視点で役に立つ「勉強する理由」を伝えてみる方法もお勧めです。「人生の選択肢を増やすため」「できることを増やすため」「任されることを増やすため」「何かに一生懸命取り組む力をつけるため」などの理由も添えてです。ぜひ親子で話し合ってみてください。

全てに勝る資格は「大卒」と言う人がいるけど、その理由は？

「大卒」って本当に意味があるの？と疑問に思う方もいるでしょう。私も「大卒が全てに勝る資格」とまでは考えていません。

とはいえ、**「やりたいことが見つからない」「わからない」「今はない」という人は、進学をお勧めしたい**です。なぜなら、**「大卒」でないと就けない職業もあるから**です。応募条件を「大卒」以上としている企業もあります。

夢や目標がある人や、既にやりたいことが決まっている人は別ですが、そうではない人においては、将来の選択肢を広げるためにも、大学に進学することは決して無駄にはならないでしょう。

一方、「大卒」が全てに勝る資格だという考え方もあります。その理由は、いくつかの社会的・経済的な背景や実利的な理由に基づいています。以下にその主な理由を挙げます。

①学歴フィルターの存在

- 企業や組織の中には、採用の際に学歴を基準とする場合があります。「大卒以上」を応募条件として掲げる企業も多く、これにより就職やキャリアの選択肢が広がります。
- 学歴は、応募者の基礎的な能力や勤勉さを示す指標と見なされることがあります。

②収入の差

- 統計的に、大卒の人々は高卒や専門卒と比べて平均収入が高い傾向にあります。これにより、経済的な安定を求める上で「大卒」の資格が有利だと考えられることがあります。

③キャリアアップの土台

- 大卒の資格は、多くの専門職や管理職へのステップとして必要とされる場合があります。例えば、ＭＢＡや特定の国家資格を取得する際にも「大卒以上」が条件となることがあります。

④社会的なステータス

- 日本ではまだまだ、大卒という肩書が社会的信用や評価につながる場合があります。

⑤社会的慣習と期待

- 日本では特に、進学率の高さや「大学に行くのが当たり前」という文化的背景があります。このため、大卒資格を持つことが社会的な期待に応える行動と見なされることがあります。

もちろん、こうした考え方には異論もあります。「大卒」が必ずしも成功や幸せを保証するわけではありませんし、大卒以外の経路でも十分に価値ある人生を築くことができます。

ただし、「大卒」という資格が一般的に認知されやすく、多くの場面で有利に働くのは事実といえます。

人それぞれ歩む人生が違うので、全ての人に役立つとは限りませんし、どの勉強や資格を使うのかは変わってきます。とはいえ会社員の場合を考えると大卒は、就職の選択肢を広げたり、年収が高く設定される傾向にあったり、転職や昇進に有利なケースもあります。

夢や目標がない人こそ「勉強」に打ち込んだほうが良い理由

以前と違って現在は、学歴社会ではなくなりつつあるので、勉強しても意味ないのでは?と思われるかもしれません。そして、人は偏差値ではかることができないし、勉強が全てではありません。

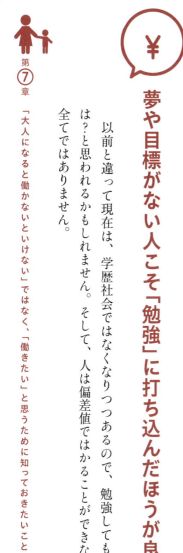

けれども、勉強だけでなく全てそうですが、目の前のことに一生懸命取り組み、結果を出している人は「信頼」があります。その他、勉強が良い点だと思えるところを挙げておきます。

①新しい興味や目標が見つかる

■勉強を通じて新しい分野の知識に触れることで、興味を持つテーマや自分が得意なことを発見できる可能性があります。

■目標や夢は「知ること」から始まるのが多いため、学ぶことで自然に見つかる場合があります。

②選択肢が増える

■知識やスキルを身につけることで、将来的な選択肢が広がります。勉強することで新しい知見に触れることができるからです。そして新しいことに挑戦できる機会が増えます。

■夢や目標がない場合でも、勉強を続けておくことで「いざ見つかった時」に、その実現手段を持っている状態にすることができます。

③自信がつく

■勉強を通じて何かを理解したり、成果を得たりすると、「自分にもできる！」という自信が生まれます。この自信が次の行動や新たな挑戦へのきっかけになることがあります。

④基礎力が未来を支える

- 基礎的な知識やスキルはどの分野でも役立ちます。たとえ今は目標がなくても、勉強で培った土台が、将来目標を見つけた時にそれを支える強力な基盤になる可能性もあります。
- 例えば、言語能力や計算力、論理的思考はどの職業や人生の局面でも必要です。

⑤成長する環境を得られる

- 勉強することで、知識やスキルを共有する仲間や指導者と出会える機会が増えます。こうした環境が、新たな目標や夢を見つけるきっかけになる場合があります。

⑥自分の可能性を広げる「準備期間」になる

- 勉強は、「まだわからない将来」のための投資と考えられます。夢や目標がないと感じる今の時間を、将来の可能性のために準備期間として活用することで、いざ目標ができた時に有利なスタートが切れます。

⑦内省する機会が増える

- 勉強を通じて「自分が何を知りたいのか」「どの分野で興味を持てるのか」を考える時間が増えます。こうした内省（自分の考えや行動などを深く顧みること）が、夢や目標を見つける助けになります。

⑧視野が広がる

■勉強は、他人の価値観や多様な世界に触れる手段です。視野が広がることで、「こういう生き方もあるんだ」と、新しい夢や目標が芽生えることがあります。

⑨努力する習慣が身につく

■勉強に打ち込むことで、努力する習慣や集中力、計画力などが鍛えられます。これらは目標が見つかった時に、その達成を後押しする重要なスキルです。

以上のように、勉強を通じて結果だけでなく、継続して取り組む姿勢、新しい知識の構築、頑張る力など多くのものが身につきます。

人から信頼を得るためにも、勉強は大事です。何かに一生懸命取り組んでいたり、ここぞという時に集中力を発揮できる人は美しいし、勉強だけでなく他のことにおいても本領発揮できる可能性があるからです。

反対に、今まで何も打ち込んでこなかったけど、「仕事は真面目に頑張ります！」と言っても、説得力に欠けてしまうと思いませんか？

「勉強」は学生に与えられている共通のミッション。今やるべきベストなタイミングで、

「勉強」に取り組むことは、未来の選択肢を広げることにつながります。ですので、夢や目標がない人にとって、勉強は「未来を準備するための行動」であり、「可能性を広げるカギ」といえます。

何もせずにいると時間が過ぎるだけですが、勉強に打ち込むことで自分自身の成長を促し、いずれ目標が見つかった時に、力強くスタートを切れる状態に近づけることを信じて……。

人生の三大支出「住宅費」「教育費」「老後資金」にどう備えるか

希望はあれど不安も抱える日本の親たち

「おめでとうございます★」
「生まれてくれてありがとう！」

我が子が、この世に生まれた時を思い出してみてください。新しい命の誕生は、儚《はかな》く尊くかけがえのないものであることを、改めて実感すると思います。家族にとってもうれしいことで、生まれたての姿を見て様々な感情が巡ることでしょう。

その一方で、これまで考えてこなかった悩み事が押し寄せてくるのも現実です。子どもの食事、睡眠、発達、育て方、しつけ、様々ありますが、特に「お金」の不安や悩みを抱えている人が多いのではないでしょうか。

人は生まれてから亡くなるまで「お金」と付き合っていかなければなりません。その中でも、人生の三大支出と呼ばれているものがあります。これは、私たちが生きていく上で大きなお金を使う「3つのカテゴリー」のこと。この**人生の三大支出とは「住宅費」「教育費」「老後資金」**です。

その中でも、子ども一人につき数千万円かかるといわれている「教育費」ですが、親はお金についてどう考えているのでしょうか。子育てに関する家庭内での悩みのアンケート調査によると、**子どもがいる4968名のうち、44・8%という半数近くの人が「お金に対する不安を抱えている」と回答**しています（※出典：ミキハウス「子育ての悩み調査」から見えたママ・パパの子育ての現実）。

とはいえ、「なんだかたくさんお金がかかりそう……」というイメージが先行し、実際にいつどの程度かかるのか、はっきり把握していない人も多いです。「将来必要な大金ってどうやって用意するの？」「使うの？」「こんなに必要なの!?」と不安を感じている方もいらっしゃるかもしれません。ですが、まずは将来に必要なお金の全体像を一緒に見ていきましょう。

本章での話は、子どもには関係ない話じゃないの？と思われる方も多いかもしれません。とはいえ、いずれのしかかってくる大金について、知っておくことは今後の人生を計画する上で大いに役立ちます。

特に教育費は、進路を決める前から、親子で一度は話しておきたいテーマです。子どもが進路を決める際に、家庭の資金事情でどうしても希望に応えるのが厳しい場合に、正直に事情を説明することも、とても大事だからです。

実は著者の私も同様の経験をしました。我が家の場合は結局、資金の問題だったのか不明でしたが、親との十分に納得できる話し合いがなく、私の大学への進路は決まったのです。大学はとても素晴らしい環境で素敵な人にたくさん出会えましたし、その後の就職など社会人生活も充実していたので、大きな後悔はしていませんし、むしろ良い選択をした可能性も高いでしょう。

しかし、進路の話し合いをもっと本音でしていれば、私の人生はまた別のものになっていたかもしれないのです。

後になって「あの時もっと、話し合っていれば……」となるのが、最も避けたいパターンでしょう。そうならないために、特に教育資金については、親子でしっかり話すことを私は勧めたいのです。

教育資金は学校が全部公立でも、一人の子で約1078万円

教育費は多くの家庭が抱える大きな課題です。ピンキリですが、一人の子で大卒までに、学校が全部公立でも約1078万円、全部私立だと約2666万円というデータも出ています（p189の図10）。通う学校、住む地域、習い事、進学ルート、家庭の状況によっ

て大きく異なりますが。

教育費の不安を減らす方法

教育費を知って、唖然《あぜん》とされた方も多いのではないでしょうか。さらに、子どもが「もっと習い事に通いたい」「医学部に行きたい」「留学したい」など、急に言ってきたら対応できるのだろうか、とも……。

親心としては、子どもが望むことは叶えてあげたい。でも、「その費用はどうやって準備したらいいのだろう」と、頭をよぎることもあるのではないでしょうか。

教育費の不安を減らす方法として、計画的な準備と適切な情報収集が重要となってきます。不安の要因の一つとして、実際に

図10　進学先ごとの教育資金の合計

	公立費用	私立費用
幼稚園	53万円	104万円
小学校	202万円	1,097万円
中学校	163万円	467万円
高等学校	179万円	308万円
大学	481万円	690万円 (文系の場合)
合計	約1,078万円	約2,666万円

出典：マネープラザ ONLINE「公立・私立別教育資金の総額」

どのタイミングでいくらかかるかよくわかっていないこと、つまり**わからないことが不安を招いていることが多い**です。

そこで、まずはこのような不安を解消するために、以下の3STEPで考えてください。

【STEP．1】現在の状況を把握する

●教育費の総額を見積もる

・通わせたい学校（公立・私立）や希望する進学プランを基に、かかる費用を大まかに計算。

・塾や習い事、留学なども視野に入れて計画を立てる。

●家計の現状を確認

・月々どのくらいを、貯金や投資に回せるかを見直します。

【STEP．2】長期的な貯蓄を始める

●五大固定費を見直す

・光熱費、通信費、車の維持費、住宅費、保険料などの固定費を見直し、無駄がないか確認。

●先取り預貯金

▪月々、先取り預貯金をし、一定額をコツコツと貯める。

●**資産運用**

▪長期運用による資産形成を狙う。貯蓄を増やす方法としてお勧め。

【STEP．3】お子さんと話し合う

●子どもと「教育費は家族で協力して準備するもの」と共有する。

●高校生以降なら、アルバイトや奨学金の活用を含めた話し合いも良い。

やはり一番大切なことは、日頃からお子さんと密なコミュニケーションを取っておくことです。そして、「全てのお金を完璧に親が準備しなくてよい」と考えること。教育費は青天井なので、もしもの時を想定しすぎるとキリがありません。

手段として、補助金や奨学金、貯蓄の組み合わせで乗り切れるケースも多いので、どのような制度があるのかだけでも把握しておくと良いでしょう。教育費は長期的な計画がカギになってきます。小さなステップでも早めに始めれば、家族の安心につながります。

その他のライフイベントにかかる費用の目安

【1】就職活動にかかる費用

- **合計額の目安：約10万～20万円**（活動内容や地域〈都市部か地方〉で異なる）
- **主な費用内訳**
  - スーツ代：1～5万円（初回購入の場合）
  - 履歴書や証明写真代：約5000～1万円
  - 交通費：約1～5万円（遠方の企業説明会や面接）
  - 宿泊費：約1万円（地方から都市部への面接の場合）
  - 通信費：オンライン面接の環境整備（カメラ、マイク購入）
- **準備方法**
  - スーツや小物は早めに準備し、セール期間を活用。
  - 学生の交通費や宿泊費をサポートする企業もあるため、確認する。
  - 貯蓄やアルバイト収入を計画的に使う。

【2】結婚費用

●**合計額の目安：約300万〜500万円**（式を行う規模や場所、ゲスト数による）

※最近はカジュアルなスタイルも多いので、自分たちに合った方法を目指すことが多いでしょう。

●**主な費用内訳**

- 結婚式・披露宴：平均350万円
- 新婚旅行（ハネムーン）：約50万〜100万円
- 婚約指輪・結婚指輪：約20〜50万円
- 新生活準備：家具や家電購入に約50万円

●**準備方法**

- 費用の分担：お互いの収入や貯金を話し合って分担。
- 節約ポイント：規模を抑えたり、平日・オフシーズンのプランを選ぶ。招待客数を調整し、衣装や料理にお金をかけて、招待状や引き出物を手作りにするなどメリハリをつける。
- ご祝儀：ゲストからのご祝儀で費用を一部カバーできる。

【3】出産費用

●合計額の目安：約50万～80万円（健康保険や自治体のサポートを受ける前の金額）

●主な費用内訳

・分娩費用：約40～60万円（正常分娩の場合。施設によって異なる）

・健診費用：約5～10万円（妊婦健診は公費補助がある）

・出産準備品：約5万円（ベビーベッド、衣類、育児グッズなど）

●補助制度

・出産育児一時金：健康保険から50万円支給（多くの場合、直接支払制度で、差額のみ支払う）。

・自治体の助成：各自治体の支援制度を確認。

●準備方法

・育児グッズや衣類は必要最低限からそろえる。

・自治体や医療機関からの情報を早めに収集。

【4】住宅費用

家に住むためにかかるお金のことです。

①家賃(賃貸の場合)

- 毎月支払う金額：賃貸住宅の場合、住むために毎月大家さんや管理会社に払うお金。
- 関連費用
  - 敷金・礼金：入居時に払う一時金(礼金は戻らず、敷金は退去時に一部戻る場合も)。
  - 管理費や共益費：アパートやマンションの共用部分の維持にかかる費用。

②住宅ローン(購入の場合)

- 家を購入する場合、ローンを組んで支払う月々の返済額。
- ローン返済に含まれるもの。
  - 元金：借りたお金そのもの。
  - 利息：借りたお礼として金融機関に払うお金。

③税金や保険料

- 固定資産税・都市計画税(持ち家の場合)：家や土地を持っている人が毎年払う税金。
- 火災保険・地震保険：家を守るための保険料。持ち家だけでなく、賃貸でも加入が必要な場合がある。

④修繕・維持費

- 持ち家の場合：家を長く使うための修理やメンテナンス費用(例：屋根の修理、設備の交換）。

●マンションの場合：修繕積立金。共有部分を将来修理するために毎月払うお金。

⑤住宅費の目安

●一般的には、住宅費は**手取りの30％以内**に収めるのが理想といわれている。

例）月収30万円↓住宅費は9万円以内にする。

●住宅費を管理するポイントとしては、

1）収入に見合った住居を選ぶ：家賃や住宅ローンが高すぎると、家計が圧迫される。

2）将来の維持費や修繕費も考える：持ち家の場合、購入時だけでなく長期的な維持費も計算。

3）住む場所の優先順位を考える：通勤時間、学校、地域の利便性などを考慮して選ぶ。

【5】老後の生活費

老後に必要なお金は2000万円といわれている一方で、「2000万円も不要」「3000万円でも足りない」という考えもあり、一体どのくらいを目標にしたら良いかわからないという方も多いのではないでしょうか。

結論、人それぞれ違うの一言に尽きます。ただ老後の生活費として、次のような額が算出されています。参考までに把握しておきましょう。

●夫婦二人の場合

- ゆとりのある生活のための費用：月約37・9万円（年間約460万円）
- 実際の平均支出額：月約24万円（年間約280万円）

（※出典：ソニー生命「ゆとりある老後に必要なお金はいくら？生活費の平均や生活費以外の出費を紹介」）

●単身の場合

- ゆとりのある生活のための費用：月約23・4万円（年間約280万円）
- 実際の平均支出額：月約14・5万円（年間約170万円）

（※出典：コのほけん！「独身で老後が不安…老後資金の必要額や目安はいくら？年金・貯金を増やすために今からできる対策とは」）

老後まで数十年先であれば、物価上昇を考慮して10～20％ほど余裕を持たせて計画を立てるという考えもあります。年金だけでは不足するケースが多いため、早めに準備を始めることが重要です。貯蓄と資産運用のバランスを考えながら、無理のないプランを立てることをお勧めします。

借金には、「良い借金」と「悪い借金」の2種類がある

お金は、「稼いで貯めて増やす」が基本です。しかし、世の中には「借金をする」という方法もあります。

そもそも「借金」とはなんでしょうか？　借金とは簡単にいうと「今、持っていないお金を借りて、後で返すこと」。例えば、友だちに「今お金が足りないから100円貸して」と頼んだとしたら、それが借金です。後で必ずその100円を返さないといけません。

もう少し詳しく説明すると、借金は「お金を借りること」です。お金が足りない時に誰かからお金を借りて、後でその借りたお金を返します。借りたお金を返すことを「返済」といいます。

借金は、お金が今すぐ必要だけど、持っていない時にする行為。返す時には、必ず借りた分のお金を返さないといけないので、その約束を守らないといけません。もしおこづかいが足りなくて、新しいおもちゃを買いたい時に、親から「後で返すなら貸してあげるよ」と言われたら、それは借金です。お金をもらったけど、後で「今月のおこづかいから返すね」と返さなければなりません。

また、借金には「お金を貸してくれる人」や「返す期限」があるので、計画的に借りて、

きちんと返すことが大切です。そして、銀行など金融機関・個人からお金を借りる時は、多くの場合「利息（利子）」というお礼のお金をつけて返さなければなりません。

●借金の基本ルール

- **元金（がんきん）**→実際に借りたお金のこと。
- **利息（りそく）**→借りたお礼として追加で支払うお金。
- **返済期間**→借りたお金を返すまでの期間（例：10年ローンの場合は10年以内）。
- **金利（きんり）**→借りた金額に対する利息の割合（年○％）。

例）100万円を金利3％で借りた場合。

- 1年間の利息は：100万円×3％＝3万円。
- 1年後に返すなら：100万円（元金）＋3万円（利息）＝103万円を返済。

それでは、一体借金って良いことなのか？　悪いことなのか？　こんな疑問が浮上してきそうです。「借金」が良いかどうかは、ケースバイケースになってきます。

もしかすると、「借金」はしてはいけないと教わってきたかもしれませんが、全部が「避けるべき」とも限らないのです。

良い借金

教育やビジネスのための借金は、将来の自分の可能性を広げるために使うもので、良い借金の代表となります。なぜならば、将来の仕事の選択肢や収入を広げることにつながってくるからです。以下で例を出してみましょう。

例1）大学や専門学校に通うための借金

高校を卒業した後、大学や専門学校に行くためにお金が足りない時、借金をすることがあります。学校で学んだことは、将来の仕事に直結します。例えば、医師、弁護士、エンジニアなどの職業は、特別な学びが必要です。これらの学びを得ることで将来、多くの人の役に立ち高い給料をもらえる仕事に就くことができるかもしれません。

ＳＮＳ（ここではＹｏｕＴｕｂｅも含むとする）を活用した起業をする場合でも、お金を借り、動画や画像の制作スキルの習得のために学校に入学します。借りたお金を教育に使うことで、ＳＮＳで大活躍するかもしれません。将来その借金額をはるかに超えるお金を得る可能性が高くなるのです。

資格を取るためにお金を借りる場合もあります。例えば、プログラミングやコンサルティングやマーケティングなど、仕事に役立つスキルを学ぶためにです。これにより新しい仕事を得たり、昇進したりすることができ、将来的にもっとお金を稼げるようになる場合もあります。

例2）起業やお店を開くための借金

起業やお店を開くための借金も、うまくいけば「良い借金」となります。この場合、お金を借りて新しい事業を始め、利益を上げてそのお金を返済し、さらに利益を得ることが目標です。

自分のレストランやカフェを開きたいと思った時、そのためのお金を借りることができます。借りたお金を使って、店舗の設備を整えたり、商品を仕入れたりします。もしお店が成功すれば、お客さんが来て売上が増え、そのお金で借金を返済するだけでなく、さらに利益を得ることができます。

新しい商品やサービスを開発したい時も、お金を借りて始めることがあります。例えば、あるアイデアを基に商品を作って、それを売って利益を得る場合、その商品の開発や生産にはお金がかかります。借りたお金を使って商品を作り、販売していけば、成功した時には借りた額を超える利益を得ることができます。

以上のように、教育やビジネスのために借金をすることは、将来的に良い結果を生む可能性があります。

しかし、借金にはリスクも伴います。例えば、ビジネスがうまくいかない、お店が閉店して借金を返せなくなる、なんてこともあります。また、勉強しても希望する仕事に就けない場合もあります。

そのため、借金をする前にしっかりと計画を立て、リスクを考慮することが重要です。

悪い借金

一方、悪い借金として典型的な例となるのは「欲しいおもちゃや漫画を買うための借金」でしょう。短期的には楽しいかもしれませんが、後々大きなリスクやデメリットがあります。

なぜ悪い借金になるのか？　1つ目は、**すぐに価値がなくなるから。**

そもそも、人にお金を借りてまで得たいものなのか？　今でないといけないのか？　おもちゃや漫画は、買った時は楽しいかもしれませんが、すぐに飽きたり破損したりすることもあります。例えば、1か月後に全く見向きもしなくなっていると、それらに使ったお金による恩恵は、もはや存在しないことになります。すぐに無駄になってしまい、将来的にお金を増やすことにもつながりません。

何を買ったとしても借金をすれば、後でそのお金を返さなければなりません。借金の返済は優先しなければならず、**他の大切なことに使えるお金が減ってしまいます。**最初は楽しんでも、返済し続けるだけになってしまい、何も得られないことになるということです。

このような無駄遣いに終わる借金は、すぐに消えてしまうものや、後悔するようなものに使うお金です。他の例ですと、今すぐ食べたくないお菓子や、着ることのない服を買うためにお金を借りることがこれに当たります。

こういった事態を防ぐには、どうしたらいいでしょうか？　借金をした後に、何が得られるのかを考えることが有効になります。

まとめると、**借金は「未来のための投資」になるならOK！　でも、浪費のための借金は避けるべき**です。

それと、返済計画がない借金は負担になるだけなので、必ずシミュレーションをして借りましょう。

投資で未来は明るくなるの？

誤解だらけの「投資」を正しく理解する

¥

日本における投資の現状

数年前から「老後資金２０００万円問題」や「新ＮＩＳＡ」の話が出てきて、日本でも「投資」や「資産運用」といった言葉をよく聞くようになりました。以前と比べると、日本でも普及・浸透してきています。全金融機関のＮＩＳＡ口座数は、２０２４年12月末時点において約２５６０万口座となり、２０１４年12月末と比較し約３倍にも口座開設数が増加していることがわかります（下の図11）。

普及・浸透している理由の一つとしては、政府が「貯蓄から投資へ」を掲げていることが挙げられます。その背景には、「老後

図11　全金融機関のNISA口座数の推移

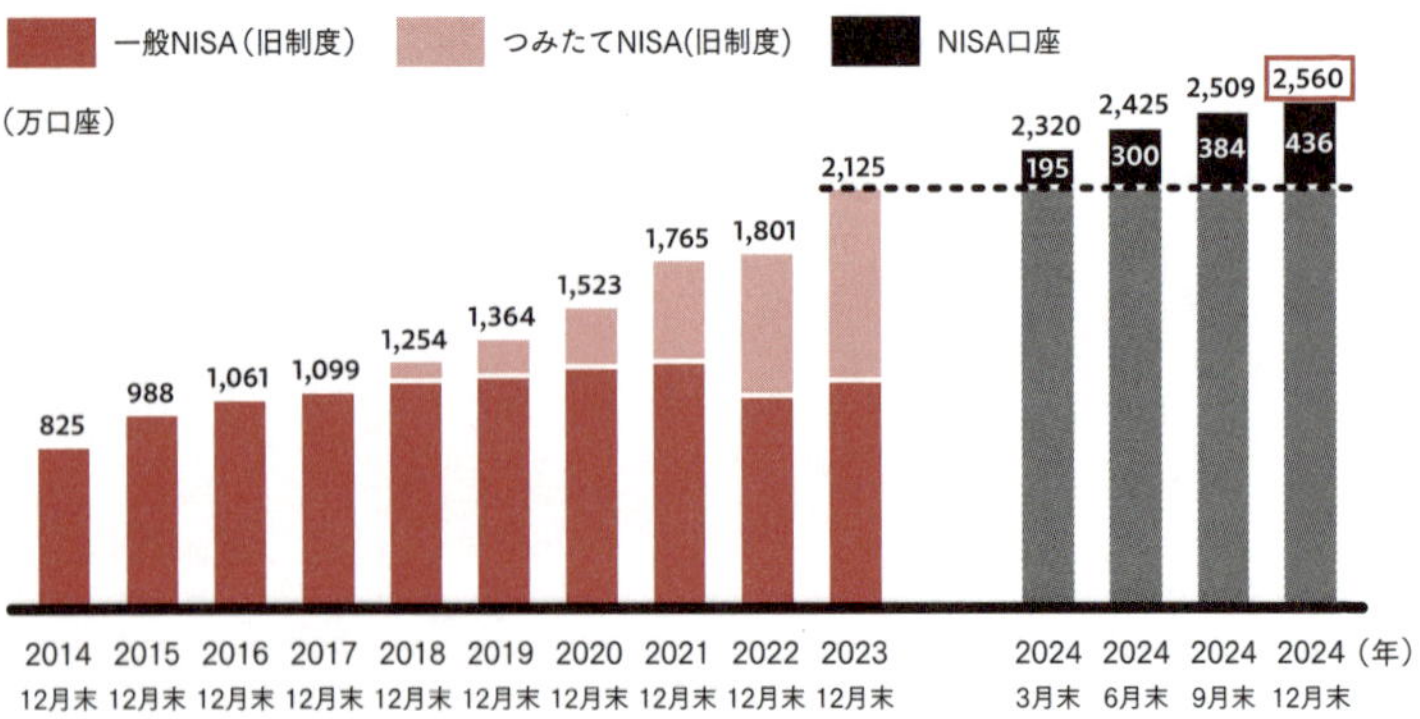

出所：日本証券業協会「NISA口座の開設・利用状況（2024年12月末時点）【速報版】」
原出所：金融庁「NISA口座の利用状況調査」

資金2000万円問題」「低金利」「増税」「インフレ」など私たちを取り巻く環境が急激に変化している事情があります。

投資をしている人口の増加は、経済環境の変化（低金利や年金不安）だけでなく、テクノロジーや教育、社会の価値観の変化が大きな影響を与えています。また、少額から始められる環境や情報の普及が、幅広い層の人々に投資を身近なものとして認識させています。日本人の金融資産の50％以上が「現金・預金」。「銀行に眠っているお金を投資に回したい！」と思ったり、国の方針として投資が推奨されていたり、ＳＮＳやＹｏｕＴｕｂｅの影響で情報が拡散していることも、投資が身近になっている大きな理由として挙げられます。

誤解だらけの「投資」を正しく教える

以前よりもお金に対する知識や判断力が向上している、金融への意識が高くなってきていると思われていますが、それは大きな誤解です。

どういう誤解が生じているのか？「今後益々、少子高齢化が進むと働く人の割合が減るので、年金が減る。そうすると、老後に十分なお金をもらえなくなるので、老後のために自分たちでお金を貯めましょう」という話だと理解されてしまっていることです。「え！　そうではないの？」と、お思いの方もいらっしゃるかもしれません。あまり認識されていませんが、実は**人々が株などに投資をしてお金を貯められたり増やしたりしても、少子高齢化社会の労働問題は解決しない**のです。

この話の一番の問題は、「将来、働く人の割合が減る」というところにあります。つまり、少子化が進んでいくので、**少ない労働人口で社会が回るような仕組みにならない限りは、根本的には解決はしない**のです。

今までのように「たくさんの人が働いて支える」という仕組みが難しくなるため、少ない労働人口でも効率良く社会を回すために、便利な仕組みや技術を作ることが大切になります。

そのためには一人一人が自分事に置き換えて、何ができるのか？を考えて行動することが重要なポイントになってきます。つまり、今までにないものやサービスが生み出されたり、制度が変わったりすることです。今までとは違う社会や働き方に変わっていくことが必要なのです。

普段、行っている仕事一つにしても大事になってくるので、昨日よりも今日、今日よりも明日、**社会にとって役立つことを増やしていくしかない**のです。

そもそも投資とは一体どのように説明したらいいの？

子どもたちから寄せられそうな素朴な疑問にどう答えるかを通じて、紐解いていきましょう。

①「投資って何？」

投資とは、「お金を働かせて増やすこと」です。例えば「リンゴの木」を使ったお話をしてみるとわかりやすいでしょう。

●投資をわかりやすく例えると

「小さな種を土に植えて、水や日光を与えて育てると、大きな木になって実がなるでしょ？　投資は種がお金に代わったもので、そこに手間をかけて、未来にもっとたくさんの実（お金）を得るための準備をすることなんだよ」

②「どうして投資をするの？」

「投資をするのは、未来のために準備するためだよ」

- 将来の夢を叶えるため：「大人になった時に家を買いたい」「旅行に行きたい」など、大きな目標を達成するため。

・お金をもっと働かせるため：「お金に頑張って働いてもらうと、自分が働いていない間にも増えるかもしれないよ」

●投資で大事なこと

・投資は「育てる時間」や「慎重に選ぶこと」が大切。
・焦らない：投資は「すぐに増える魔法」じゃなくて、「時間をかけて成長させる」もの。
・よく調べる：「どこにお金を使うかしっかり考えよう。例えば、『この種を植えたらどんな実が成るかな？』と考えるのと同じだよ」

③「子どもでもできる投資ってあるの？」

「子どもでも、こんな形で投資を始められるよ！　お金を増やすことだけが投資じゃないんだよ」

●自分の時間を投資する

・勉強することで知識が増えて、将来の夢を叶える力になる。
・スポーツを練習することで、上手になって試合で活躍できるようになる。体力が増強され、病気になりにくい体、疲れにくい体が手に入る。

●おこづかいを活かす

・お金を貯めてゲームやおもちゃを買うことで、楽しい時間が増える。

投資の本当の目的は、「自分や社会をより良くすること」です。ＮＩＳＡなどの制度を使って「お金を増やすこと」だけを目的にするのではなく、「自分の未来が楽しくなること」や「社会や誰かの役に立つこと」を意識して選ぶのが、より価値あるものにしていけるポイントです。

「①未来の自分に役立つか？」「②誰かを幸せにできるか？」「③リスクを理解できているか？」「④無理なく続けられるか？」。迷った際は、これらを判断基準にして決めていただきたいです。

お金や時間を使う行為が、将来の自分の可能性を広げ、同時に社会を良くするきっかけになるようにするのが大事なのです。

今さら聞けない「株主優待」の超基本と意外な注意点

①株主優待って何？

株主優待は会社の株を持っている人に、その会社が「ありがとう」の気持ちを込めて贈るプレゼントのことです。

②どんなプレゼントがもらえるの？

株主優待でもらえるものは会社によって違いますが、よくあるのは次のようなものです。

●自社製品

・会社が作っている商品そのものをプレゼント。

例）飲料会社からお酒やジュース、化粧品会社からスキンケア用品。

●サービス券

・その会社が経営するレストランなどのお店で使える割引券やギフト券。

例）レストランの食事券、スーパーの買い物割引券。

●割引券や無料券

・映画や旅行会社の割引券、鉄道会社の乗車券など。

例）映画会社の株を持つと映画が無料になる券がもらえる。

●株主優待カタログ

・好きな商品を選べるカタログを送ってくれる。

例）お米、ジュース、日用品などを掲載。

③どうやってもらえるの？

株主優待をもらうには、以下の条件を満たす必要があります：

1）その会社の株を買う

- 証券会社を通じて、その会社の株を購入します。

2）優待の権利がもらえる日（権利確定日）に株を持っている

- 優待は「○月○日までに株を持っている人」に配られると決まっているので、その日までに株を買って持っていることが必要です。

3）会社から優待が届く

- 優待品や割引券が郵送で届きます。カタログの場合は、そこから商品を選んで申し込みます。

④どうして会社は株主優待をするの？

会社が株主優待を設けているのには、以下の理由があります。

●株主に感謝を伝えるため

- 「会社を応援してくれてありがとう！」という気持ちを伝えるため。

●株をもっと持ってもらいたいから

- 優待を目当てに株を買う人が増えると、会社の株価が上がることがあります。

●ファンを増やすため

- 自社製品を使ってもらうことで、商品やサービスの良さを知ってもらい、ファンを増やすことができます。

⑤株主優待の注意点

●株価が変わるリスクがある

▪株の値段が下がると、優待をもらっても全体では損をする場合があります。

●配当金とのバランスを見る

▪株主優待があっても、その会社があまり儲かっていない場合、配当金（株を持っているだけでもらえるお金）が少ないことも。


株主優待は、会社からの「ありがとう」のプレゼント。自社の商品やサービスを通じて、株主とのつながりを大切にしているものです。

ただし、会社の業績が悪化した場合は、改悪されたり廃止されたりする場合もあります。

そして、株価の下落で株主優待以上に損失が出るケースもあるので、株主優待の内容だけで選択するのではなく、総合的に判断をして決めましょう。

貯金だけでは報われない未来

どうして貯金が報われないのか？　主な理由は次の通りです。

今後もインフレが続くとされていて、**物価が上がっていくと予想されています。**一方で銀行の金利（預金で増えるお金）はとても低く、少しずつ上がってきてはいるものの、ほぼ0％。ですから、**10年、20年と経ってから銀行からお金をおろしても、周りのものやサービスの値段が上がっていることから、買えるものが少なくなってしまうのです。**

ちなみに昔（1980年代）の銀行の金利は、年5％前後が当たり前でした。100万円を1年間預けると5万円増えたのです。しかし今（2025年時点）では、銀行の金利が年0・2％というのもザラで、100万円を1年間預けても2000円しか増えないのです。

これだと、老後資金も不安になります。人生100年時代では、退職後も30年以上生活費が必要。退職後に必要な老後資金は、1人あたり約2000万円以上といわれています。

そこで、投資でお金を増やしていく必要がますます高まっているのです。

投資の代表的な力は「複利効果」。例えば年5％の利回りの投資をする（投資信託などを買う）と、100万円を投資した場合、10年後には約163万円に増えます。

とはいえ、全てを投資に回す必要はありません。貯金と投資を組み合わせて、「短期の貯金」「中期・長期の投資」のバランスを取ることが重要です。

投資のリスクって何？リスクとリターンの説明方法

投資に限った話ではありませんが、一般的にリスクとリターンは表裏一体。リスクを抑えようとすると、リターンは低くなり、高いリターンを得ようとするとリスクも高まります。

「投資のリスク」と聞いて、どのようなことが頭に浮かぶでしょうか。リスクと聞くと、危ない、損をする、負ける、避けるべ

図12　リスクと金融商品の値動きの関係

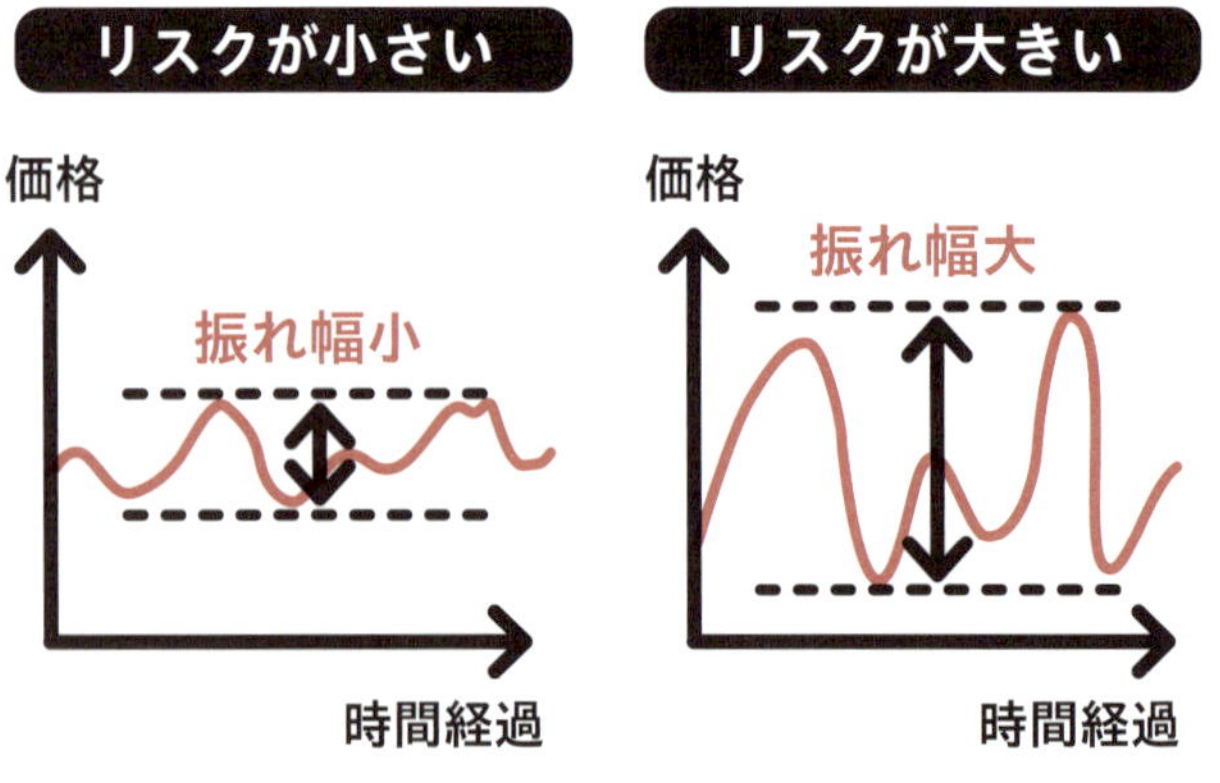

出典：『投資への不安や抵抗が面白いほど消える本』（Gakken）

きなど、何か恐ろしいことが起きてしまうのではないかと考える人もいるかもしれません。

投資のリスクとは「リターンが予測できないこと」です。振れ幅が大きいことを「リスクが大きい」、小さいことを「リスクが小さい」としています（p216の図12）。例えば10万円を投資した場合、1年後に5万円に減る可能性も、20万円に増える可能性もあります。このように、投資をした後の結果が予測できない場合で、特に振れ幅が大きくなりそうなものを「ハイリスクな投資」と呼んでいます。

「投資を始めたいけれども、リスクが怖い」と思ってしまう方も多いかと思います。リスクが低く大きなリターンが期待できる金融商品があればとても魅力的ですが、残念ながらそのようなものは存在しません。

そして、リスクがゼロのものも、投資の世界では残念ながら存在しません。リスクを恐れていては、投資は永久に始められないのです。

¥

投資詐欺被害には気をつけて！　遭わないためには？

私たちのような一般人が「元本保証」「必ず儲かる」「あなただけにご紹介」などと巧みに勧誘されてお金を出すと、実際には儲けどころか元金の大半が戻ってこず、勧誘した事業者に連絡を取ろうとすると姿をくらまされていた――といった、「投資詐欺」（詐欺的な投資勧誘）の被害が後を絶ちません。

金融庁に寄せられた投資詐欺に関する相談は、2014年1月から2015年12月までの2年間で合計5431件にのぼります。そのうち2279件となる42％の相談は、何らかの被害を受けてしまったものです。年代別に見ると、全体の30・8％が70代、17・2％が80代以上となっており、約半数が70代以上の高齢者で占められています（※出典：政府広報オンライン「投資詐欺にご注意を　気をつけるべき6つのポイント。相談窓口もご紹介。」）。

しかしながら、若年者も他人事ではありません。なぜなら、SNS型投資詐欺被害が増えているからです。インターネット上に著名人の名前・写真を悪用した嘘の広告を出したり、「必ず儲かる投資方法を教えます」などどメッセージを送るなどして、最終的に「投資金」や「手数料」などという名目で、金銭等を振り込ませるといった詐欺です（※出典：警視庁「特殊詐欺対策ページ」）。

以下で、投資詐欺の手口や防ぐ方法をご紹介していきます。

①投資詐欺に多い行動パターンを知る

詐欺の手口には共通する特徴があります。これを理解していれば、怪しい話に引っかかりにくくなります。

1）「必ず儲かる」「リスクなし」という宣伝

- 投資には必ずリスクがあります。「絶対に損しない」と言われたら、要注意。

2）異常に高い利益を約束

- 年利数十％など、通常ではあり得ない高いリターンを謳う。
- 正常な投資では年利3～10％程度が一般的。

3）急かすような勧誘

- 「今すぐ申し込まないと損をする」など、冷静な判断をさせない手口。

4）投資内容が不明確

- 具体的な投資先や仕組みが説明されない、または曖昧。

5）初期費用や追加費用を要求

- 「もっと儲けるために追加でお金を出してください」という要求。

②投資詐欺の種類を知る

詐欺の種類を把握しておくことで、危険を察知しやすくなります。よくある投資詐欺の例は次の通り。

1）ポンジ・スキーム

- 新しい投資家から集めたお金を既存の投資家に配当金として支払い、実際の投資活動は行わない手口。

2）海外投資詐欺

- 外国の不動産や事業への投資を持ちかけるが、実態がない。

3）暗号資産（仮想通貨）詐欺

- 「新しい仮想通貨に投資すると数倍になる」など、実体のない通貨を勧める。

4）未公開株詐欺

- 「上場前の株を安く買える」と言われ、価値のない株を高値で売りつける。

5）高額セミナー詐欺

- 投資のノウハウを学べると称して、高額な参加費を徴収し、中身がない情報を提供。

③被害を防ぐ具体的な方法

1）投資先をよく調べる

- 信頼できる会社か確認。
  - 登記されているか、金融庁などの監督機関に登録されているか調べる。
- インターネットで口コミを検索。
  - 会社名や商品名で検索し、悪評や詐欺の報告がないか確認。

2）情報源を安易に信じない

- 友人や知人でもすぐに信用しない。
  - 身近な人からの勧誘でも、仕組みをよく確認する。
- 公式な資料を確認。
  - 契約書や商品の説明が曖昧な場合は絶対に契約しない。

3）必ず比較検討する

- 複数の投資先と比べる。
  - 他の投資商品やサービスと比較し、不自然に有利な条件がないか確認する。
- 第三者の意見を聞く。
  - 専門家や金融機関の担当者に相談する。

4）安全な投資手段を選ぶ

●初心者は認可された商品を選ぶ。

・NISA、iDeCoなど、金融庁が推奨する商品。

●リスクの低い投資を選ぶ。

・初心者は少額から始める。

5）冷静な判断をする

●即決しない。

・勧誘されても「一晩考える」「家族に相談する」と伝えて時間を取る。

●「おいしすぎる話」を疑う。

・簡単に儲かる話ほど、裏があると考える。

投資詐欺に遭った場合の対応

●証拠を保存する

・取引履歴ややり取りを記録に残し、証拠として保存しておきます。証拠がないと、後で訴える際に証明が難しくなります。

●警察に相談する

・すぐに警察に通報し、詐欺の被害を報告しましょう。また、金融庁や消費者庁に対しても報告を行い、同様の詐欺被害を防ぐための情報提供を行うことが重要です。

●消費者金融団体に相談する

・日本には消費者金融団体がいくつかあり、被害者が支援を受けるための相談窓口を提供しています。弁護士や消費生活センターに相談することも選択肢の一つです。

投資詐欺は日々巧妙化していて、詐欺師はしばしば信頼を得るために高度な手口を使います。

そこで、具体的な事例や手口を見ていくことで、その危険性をより理解することができます。十分な情報収集と慎重な判断を心がけておくといいでしょう。

「お金と夢の羅針盤」

～成し遂げたいことは何？未来をどう生きたい？

親子でもっとお金の話をすることによる複利効果とは

親であれば、大切な我が子に「お金の苦労をさせたくない」と思うものでしょう。親として当然のことだと思います。誰しもが生まれてから死ぬまで密接に関わる「お金」。こんな大切な存在にもかかわらず、今まで学校では教えてもらえることはありませんでした。

では、一体どのようにしたらお金に困らないのでしょうか。**お金の苦労をさせないためには、家庭内でお金の話をすること**を勧めています。子どもとお金の話をすることは、お金の大切さを知るだけでなく、今後お金とどう付き合うか知るために重要になってきます。

お金を通じて子どもが**「将来やりたいこと」や「欲しいもの」を話せるようになり**、理解することにもつながってきます。お金の価値観や使い方や管理方法、社会的責任に対する理解も深まり、人として成長するための基盤が作られます。

親がオープンにお金の話をすることで、子どもは**お金に対してネガティブな感情を減らすことにもつながります。**お金は物質的なものだけでなく、人々の努力や時間の対価であり、社会全体の中で重要な役割を果たすものであることを、知ることができるからです。

そして、子どもが単に金融リテラシーを育むだけでなく、**早い段階での経済的自立をす**

ることにつながってきます。お金に対する不安や抵抗を解消し、健全な態度を育むこともできるからです。

続いて、「お金の使い方」を実践的に学ぶチャンスを提供します。お金をただのものとして扱うのではなく、使い方や管理方法について学び実生活に役立つスキルを身につけることができます。

例えば買い物に行く際に、予算内で買うものを決める過程を通じて、お金の使い道を考える力を養うことができます。また、家計の一部を管理させたり、おこづかい帳をつけさせたりすることで、お金の管理方法や収支のバランスを学ばせることができます。

親が家計の支出や貯金の計画を一緒に話すことで、子どもは自分が本当に必要なものにお金を使うことを学ぶことができます。これにより、お金の使い道を自ら考える力が育成されます。

お金をどう使うかという決断に、責任感を持たせることもできます。親が「お金は自分だけのものではなく、社会全体に循環するもの」という考え方を子どもに伝えることで、**社会貢献や倫理的な消費の意識が高まる**からです。

例えば、寄付や無駄のない消費を選ぶことを教えれば、お金の使い道が他者にも影響を与える様子を学ばせることができます。贈与や支援の大切さとしては、「お金を使って、他人を助ける」という考え方を教えれば、お金を使う行為が自己満足だけに終わらず、社会貢献を意識するものになります。

さらに、**「将来への目標設定を促すこと」ができます。**目先の欲求だけでなく、将来の大きな目標に向けて、計画的にお金を管理する力を養うことができるのです。

長期的な目標設定としては、「10年後に大学に行くためにはお金が必要」「将来家を買うためには貯金が大切」といったものがあり、そこに向けての計画を一緒に立てることで、将来に向けた長期的な視点が養われます。

お金の使い方を学ぶことは、「欲しいものがあればお金を使う」という行動の背景に、働いて稼ぐことや、限りある資源を使うことの意味を理解させます。お金の優先順位を考える力が育つので、おこづかいを使う際、「欲しいものを買う」「将来のために貯める」「誰かのために使う」など、**選択肢を考える判断力がつきます。**

また、**社会の仕組みを理解する助けになります。**お金は、誰かが働いて価値を生み出すことで得られる「ありがとうの対価」だと伝えると、社会で働く意味がわかります。「ものを買う」という行動が、「売る人」「作る人」を支えるという視点も育てられます。

このような会話をすることで、親子でのコミュニケーションがさらに深まります。実は、**お金の話は「人生の話」をしているのと同様**です。お金の使い方や稼ぎ方を話すと、自然と「親がどんな価値観を大切にしているか」が伝わります。親が「家族全体の目標」や「今後の計画」を伝えることで、子どもと一緒に未来を考えられるからです。

子どもの金銭感覚が育つタイミングは早いほうがいい

子どもの金銭感覚は、親の影響を強く受けます。ですので、**小さい頃からお金の話をしている家庭の子どもは、自然と金銭感覚が身につきやすい**です。

そして、親が真剣にお金と向き合っている姿を見せることで、子どもも計画的なお金の使い方を学べます。

なぜ家庭でお金の話をするべきなのか。一部を挙げるだけでも、こんなにあります。

- **教育機会が不足**：学校では十分に教わらない。

- **金銭感覚を育む**：お金を使う優先順位や管理方法を学べる。
- **将来のトラブルを防ぐ**：借金や無駄遣いのリスクを軽減。
- **社会の仕組みを知る**：お金を通じて社会や働く意味を理解できる。
- **親子の絆が深まる**：価値観や夢を共有する機会になる。

子どもは親の姿勢や習慣を見て、お金に対する考え方を学びます。だからこそ親が、お金と向き合う姿勢を意識することが大切です。家庭は「お金と感情の関係」を学ぶ場でもあります。

貯金ゼロ、投資詐欺被害……。失敗を乗り越えて学んだこと

私自身が遭遇した「貯金ゼロ」や「投資詐欺被害」といった失敗は、とても辛い経験でした。なんで自分ばかりがこんな思いをしないといけないのかと、本気で思っていました。

でもこのような経験があったからこそ、今の自分がいます。なぜなら、それを糧に「お金との正しい向き合い方」を学ぶチャンスになったからです。自分の経験を未来の資産に変えることで、より豊かな人生を築くことができます。

貯金ゼロの経験から学んだこと

最低限の生活の安定を築くために、「貯金」は必要だと考えます。「え、貯金は不要！使い方が大切！」そんな話をしていたんじゃないの？と思われる方もいらっしゃるかもしれません。

もちろんそうなのですが、貯金がゼロになった際の恐怖や絶望感は計り知れないです。将来の経済的な不安や生活の不安定さを解消するためには、まずは**「生活防衛資金」として、6か月〜1年分の資金を確保**することです。生活には予期せぬことがつきものです。生活防衛資金があることで、経済的な不安が解消され心の余裕が生まれます。

とはいえ、最初からすぐに大きな金額を確保できるわけではありません。収支の把握、支出の見直しをしたのちに、1日100円や月に1000円でも貯金や投資を始める習慣を作ります。少額からの貯金でも積み重ねることで、経済的な安心感を得ることができます。小さな成功体験の積み重ねが自信につながるからです。

投資詐欺被害から学んだこと

投資の基本は「リスクとリターンは表裏一体」です。詳しいことは第9章にも書いていますが、高い利益を謳う話には必ず注意することです。私もそうでしたが、「早くお金が増えるかもしれない」「自分だけは特別」「紹介だから安心」こんなふうに思っていました。私以外にも投資詐欺に遭った人の多くは、「必ず儲かる」「リスクなし」といった言葉に引かれてしまいます。

「短期間で高いリターンを得られる」といった話は、現実的ではない場合が多いです。投資にはリスクが伴い、過度な利益を約束する話には警戒が必要だからです。詐欺の多くは、投資の仕組みや内容が曖昧であることが特徴で、「焦り」や「欲」に付け込まれることで発生します。

長年の親しい間柄の人でも同様で、今まで信頼していたとしても残念ながら関係は一気に崩れてしまうこともあります。詐欺の被害は高齢者が多いイメージですが、近年はSNSなどを利用した詐欺により、若年者の被害も増加傾向にあります。他人事ではありませんし、今後我が子が遭遇するかもしれません。

このようなことにならないためにも、家庭内でお金の話をすることを強くお勧めしたいです。定期的なコミュニケーションを取り、SNSでのやり取りや投資に関する話題について話し合うことで、リスクを共有し適切な判断力を養う手助けとなるからです。大切な家族を守るためにも、大切な人との関係性を守るためにも、正しいお金の知識は必要不可欠です。お金の知識はあなたの一生の財産となり、誰にも奪われることはありません。

失敗を乗り越えるための心構えと行動

人生において失敗は避けられないもの。でもその**失敗から学び成長することは可能**です。まず、失敗を自己否定の材料とするのではなく、学びの機会と捉えましょう。失敗の原因を分析し、どのような要因が影響したのかを把握することが大切です。さらに、他の人からの視点や意見を取り入れることで、新たな気づきが得られるでしょう。

最後に、**自分を責めるのではなく前向きな言葉で自己対話を行いましょう。**「次はうまくいく」「この経験を活かして成長する」といった自己肯定的な言葉を使うことで、モチベーションを維持できます。これらの方法を実践することで、失敗を単なる挫折とせず、成長の糧とすることができます。

私も人生、散々失敗を繰り返してきました。学生時代、高校の学年テストで最下位、補講の常連、水球の全国大会で大事な場面でシュートを外す。社会人になってからも新入社員社内試験で最下位、落としたくない資格試験では不合格。加えて、離婚、無職、貯金ゼロ、投資詐欺被害など何をやってもうまくいかない……。自信がなく自己肯定感だだ下がりの時期も長かったです。

ただ、今思うこととして重要なのは、失敗を恐れず、そこから何を学び、どのように行動を変えるかです。この姿勢が、自己成長と成功への道を切り開くカギとなります。過去の苦い経験から学んだことを、未来を生きる子どもたちにも伝えていきたいのです。

今が辛くてもうまくいかなくても大丈夫！　失敗してもいいし、何なら辛かったら逃げ出しても良い！　途中でやめたっていい！と、私は思います。前を向きたいと思った時に、このことを思い出して行動してもらいたいです。

小さな失敗を繰り返そう

お金に関する「小さな失敗」を繰り返すことは、金銭感覚や判断力を育てる上で非常に重要です。小さな失敗から学ぶことで、大きな失敗を未然に防ぎ、将来の大きな成功につなげます。

なぜ「小さな失敗」が必要なのか？　第一に、**「大きな失敗を未然に防ぐ」ため**です。小さな失敗を振り返り、何が原因で失敗したのかを分析することで、自己改善の機会を得ることができます。

このプロセスは、将来の大きな失敗を防ぐための重要なステップです。子どもの頃の小さな失敗を通じてリスクや注意点を学ぶことで、大きな失敗の回避につながります。

そして、**「失敗から学ぶ力を育てる」ため**です。失敗は、「何が間違っていたのか」を振り返る絶好の機会。正しいお金の使い方や管理の方法を、失敗を通じて身につけることができます。

最後に、「実体験が一番の学びになる」からです。本やセミナーで学ぶよりも、実際に失敗を経験するほうが記憶に残りやすい。自分の実感を伴った学びは、その後の行動に直結します。

「小さな失敗」の具体例

①無駄遣いの失敗

●使わなくなる高額なアイテムやサービスにお金を使って後悔する。

例）買ったけど一度も使わなかった服。

○学び：購入前に「本当に必要か？」を考える習慣がつく。

②安すぎるものを買った失敗

●安さに飛びついて、すぐに壊れる商品を買う。

例）すぐに壊れる安価な靴や、品質の悪い電化製品。

○学び：値段だけでなく「コスパ（費用対効果）」を考えるようになる。

③短期的な欲望に負けた失敗

●目先の誘惑に負けて、予定外の買い物をしてしまう。

例）セールで買ったけど使わないアイテム。

○学び：衝動買いを減らす方法や、予算内での買い物の大切さを理解。

④おこづかいを使い切る失敗

●おこづかいを1日で使い切り、次にもらえるまで苦労する。

○学び：お金を計画的に使う力が育つ。

⑤小さな投資での失敗

●少額の株や投資信託に挑戦するも、損を出す。

○学び：リスクとリターンの関係をはじめ、投資の基礎知識の必要性を実感。

親として子どもに小さな失敗を経験させる方法

①おこづかいの自由度を増やす

▪子どもが自由に使えるお金を渡し、失敗を通じて学ばせる。

②予算を与えて体験させる

・買い物リストを作り、子どもの好きなように使わせる。

③投資を簡単に教える

・模擬投資ゲームで、株の売買のシミュレーションをさせる。

④失敗を責めずに振り返る

・「どうして失敗したのかな？」「次はどうしたら良いと思う？」と、一緒に学びを共有する。

「小さな失敗」は、学びと成長のチャンスです。破産して生活ができなくなる状態ではなく、安全な範囲で失敗を経験し、その教訓を未来の成功につなげていきましょう！

「お金」について考えることは「人生」について考えること

お金は私たちの生活に深く関わり、日々の選択や人生の質に大きな影響を与えます。そのため、お金について考えることは、人生全体を見つめ直すことと密接に関連しています。

お金は単なる「アイテム」ですが、お金について深く考えることは、「自分の価値観や生き方、目標を見直すきっかけ」になります。

お金は「選択の結果」を映し出す鏡です。どこにお金を使うかは、自分の価値観を表し、何を大切にしているか明確に示されるからです。**自分の生き方や目標を見直すきっかけにもなります**ので、一緒に考えていきましょう。

お金は人生の「選択肢」を広げるツール

お金は、住む場所、食べるもの、学ぶ機会、趣味や旅行など、生活の様々な側面に影響を与えます。経済的な余裕があると、自己実現や家族との時間を大切にするなど、より豊かな人生を送る選択肢が増えます。

老後の生活費や子どもの教育資金など、将来に備えるための計画は、経済的な安定をもたらします。お金について考え、適切な資産運用や貯蓄を行うことで、将来の不安を減らし、安心した生活を送ることができます。

お金に対する考え方は、個人の価値観や人生の目的に直結します。自分にとって何が本当に大切かを見極めることで、無駄な支出を減らし、より充実した生活を送るための指針となります。

経済的な状況は、家族との関係にも影響を与えることがあります。お金に関する価値観や使い方を共有することで、理解と協力を深め、健全な人間関係を築くことができます。経済的な余裕があると、寄付やボランティアなどの社会貢献活動に参加しやすくなるのです。これにより、自己実現や社会的なつながりを深めることができ、人生の充実感を高めることができます。

このように、お金について考えることは、人生全体を豊かにするための重要な要素です。経済的な知識を深め、計画的に行動することで、より充実した人生を送るための基盤を築くことができます。

お金は「価値観」も映し出す鏡

「どんなことにお金を使うか＝自分が何を大切にしているか」です。お金を使う対象は、その人が大切にしているものとなります。例えば、旅行や趣味にお金を使うことは、「経験」や「楽しみ」を重視。貯金を優先することは、「安心感」や「将来の安定」を重視しているなどです。

自分のお金の使い方を振り返ると、人生で何を大切にしているかが見えてきます。振り返りの例として、「最近どんなことにお金を使ったか？」「それは本当に自分の価値観に合っているか？」などです。このように、**お金の使い方を見直すことで、自分の価値観を再確認し、より充実した人生を送るための一歩となります。**

お金を考えるだけで、人生の多くの側面がクリアになる

お金は感謝の形で、「ありがとうの対価」。働いてくれる人やサービスに感謝を伝える手段でもあります。お金を使うことで、社会全体がつながっていることを実感できます。**人を助けるために使うお金は、人生を豊かにします。**誰かを助けたり、募金活動や寄付を通じて、**使った額以上の満足感や充実感が得られます。**親子や大切な人とお金について話し合うと、価値観や目標を共有でき、家族の絆が深まります。

そして、お金を考えることは「目標」と「夢」を考えることです。つまり、**お金が人生の目標を具体化します。**目標を達成するにはお金が必要な場合が多いからです。例えば、「起業→資金が必要」「家を買う→住宅ローンを計画」「子どもの教育→教育費を積み立てる」という具合にです。

また、夢を叶えるには計画が必要です。お金をどう使うか計画することで、目標達成へ

の道筋が見えてきます。「自分の夢にいくら必要で、どう準備すればいいのか？」となるため、**お金を考えることで人生の「優先順位」がわかります。**

使い方を見直すと人生の「無駄」が見えます。お金を無駄遣いしていると感じた時、それが本当に自分に必要だったかを振り返ると、人生の時間や労力の使い方も見直せます。そして、優先すべきことに集中できますし、大切なことにお金を使うと人生全体の満足感が向上します。

多様なお金を得る方法を経験してきた著者が思う、子に伝えたい「一生お金に困らない生き方」

「お金に困らない生き方」は、単にお金をたくさん保有していることではありません。それは、お金の本質を知り、自分の価値観に合ったお金の使い方を行い、働き方を選び得たお金を計画的に管理し、人生を自由に豊かにする方法を身につけることです。

子どもだけでなく、大人にも伝えたい内容となります。お金は「ありがとうの対価」として、働く人の努力やサービスに対する感謝の象徴であり、また、ものやサービスを交換するための便利なツールです。

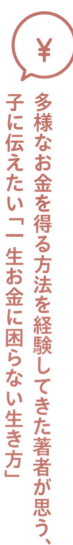

さらに、**お金は信頼に基づく社会的な約束の上で成り立つツールであり、その使い方次第で未来に価値を生み出す手段となります。**子どもたちに、働くことの大切さや、賢くお金を使うことの意味を伝えることで、将来困らない生き方の基礎を作ることができます。

以下で、「一生お金に困らず、お金で幸せを実現させる」ために認識しておきたい、お金にまつわることをお伝えしていきます。本書でこれまで何度かお伝えした内容も含みますので、全体を振り返るようなお話にもなるかと思います。

お金は「ありがとうの対価」であり、価値を生む手段

何度も繰り返している通り、お金はただの「紙や数字」ではなく、社会での「ありがとうの対価」として機能しています。なぜなら、誰かが何かを作ったり、サービスを提供したりする時、その努力や価値に対する感謝の印としてお金が渡されるからです。つまりお金とは、誰かの役に立ち、価値を提供したことへの「ありがとう」が形になったものです。

●労働の対価としての意味

誰かが働いて、ものやサービスを提供すると、その仕事に対する「感謝」や「評価」を表すためにお金が支払われます。

例えば、パン屋さんがパンを作り売ると、その労力に対してお客さんからお金が支払われます。これは、単にパンそのものではなく、「美味しいパンを提供してくれてありがとう」という気持ちの形でもあります。

●感謝の気持ちの象徴

お金を受け取ることで、「あなたの努力やサービスに感謝しています」というメッセージが伝わります。これにより、提供者はその仕事に誇りを持ち、さらなる努力や創造をすることにつながるのです。

幸せに近づくお金の3つの役割

今までお伝えしてきた「幸せに近づくためのお金」は大きく、次の3つがあります。

①安心を生むお金

●必要な生活費を確保し、不安定な状況を避けるためのお金。

- 家賃や食費など、基本的な生活に必要なお金。
- 緊急時に備えるための貯蓄や保険。

②つながりを深めるお金

● 家族や友人など、大切な人との絆を深めるために使うお金。

・家族との旅行や、友人との食事会に使うお金。

・プレゼントやサプライズで人を喜ばせるお金。

③自己実現を助けるお金

● 自分の成長や夢を叶えるために使うお金。

・趣味や学びに投資するお金（資格取得、楽器購入など）。

・新しい経験や冒険を楽しむためのお金。

幸せに近づくためのお金との向き合い方

①自分の価値観を明確にする

● お金をどう使うかは、その人の価値観を表す。

例1）「何にお金を使う時に自分は幸せを感じるのか？」

例2）「お金を使うことで、どんな未来を実現したいのか？」

②感謝の気持ちを持つ

● お金を使う時に、「これを手に入れるために働いてくれた人々への感謝」を意識する。

例）食事をする際に、この食べ物を作った農家さんや店員さんに感謝を込める。

③お金に振り回されない

●必要以上にお金を追い求めると、本当に大切なもの（家族、健康、自由）が犠牲になることがある。

●お金を「手段」として割り切ることで、心の余裕を保つ。

④お金を「未来への道具」として捉える

●今の生活だけでなく、将来の自分や家族が安心して暮らせるようにお金を活用する。

例）資産形成（貯金、投資）をコツコツ続ける。

このようにただ貯めるだけでなく、「何のために使うのか？」を考えることが大切です。お金を使う目的が明確な人は、使う時の満足度が高まり、幸せを感じやすくなります。

幸せに近づくお金の考え方を、子どもにわかりやすく伝えるには？

①お金は「ありがとうの交換」と教える

●お金の先に働く人や社会があることを伝える。

例）「このおもちゃはたくさんの人が働いて作ってくれたから、買えるんだよ」

②目的別にお金を管理させる

●「自分のため」「将来のため」「誰かのため」に使うお金を分ける方法を教える。

例）貯金箱を3種類用意し、それぞれの目的に応じてお金を分ける。

③お金を使う「楽しさ」と「責任」を伝える

●自分で稼いだお金や計画的に使ったお金の価値を感じさせる。

例）おこづかいで欲しいものを買わせ、その満足感を分かち合う。

子どもにわかりやすく説明するには、具体的な例を「楽しく、わかりやすく、実生活に結びつけて」伝えることが大切です。

お金そのものが幸せを生むわけではなく、どのように管理して使うのかが大切です。つまり、お金はあくまで「道具」であり、幸せを決めるのは自分自身だということです。このようにして、ものの豊かさと心の豊かさを、日常生活を通じて考えるきっかけになればと思います。

おわりに

――迷った時はここに戻ってきて！「我が子にこれだけは伝えたいお金の大切な話」

最後まで読んでくださり、ありがとうございました。本書を通じて、お金の知識は必要だけれども、お金ばかり増やせばいいというものではない、使い方や考え方が大切、そして少ない人数でも回る社会を作っていく必要がある、ということがおわかりいただけたかと思います。

「貯金しなさい、無駄遣いしてはいけません」。私たちは親からこのように教わり、子どもにもそう伝えている人も多いでしょう。

一方で、我が子のことを思うあまり、「お金の大切さを教えたい」「お金に困らない子になってほしい」「お金の心配をせず自由に生きてほしい」「できるだけ多くの経験をさせてあげたい」。このような想いを持っている人も、多いのではないでしょうか。

かつての私もそうでした。我が子に対して将来お金で苦労させたくない思いから、生後6か月から知育教室、英語教室、インターナショナルスクール、水泳教室、ダンス教室、かけっこ教室、挙げたらキリがないくらい子どものためだと思い、通わせたことがあります。でも、結局全て手放しました。嫌がり、泣く我が子を無理矢理連れて行って、何の意味があるのだろうか?と気づいたからです。

でも、あの時はあの時で仕方がなかったのだと今は思います。時代は転換期を経て、自ら考えて行動できる子、選択・決断ができる子、個性を活かして伸び伸びできる子、このようなことが重視される傾向にあります。その影響を受けて、「果たして我が子はどれに該当するのだろうか?」「このようなスキルを身につけるために何かしないといけないのか?」と、不安が不安を煽るではないですが、「とにかく色々経験させてあげなきゃ!」と、焦ってしまったのだと振り返っています。恐らくこのような親御さんは、私以外にもたくさんいると思います。

お金の勉強に関しても同様です。最近では「金融教育」が学校で推進されるようになり、一層なじみ深くなってきています。そのため「お金の教育をしたい」と思いつつも、私たち親世代は学校では習ってきていないので、「どう話して良いかわからない」「何から伝えるべきなのか……」と、悩んでいる方も多いと思います。お金の知識は、なんとなくその場その場で、必要なものを身につけてきたという方が大多数ではないでしょうか。

そして世間のニーズから、色々な団体や機構が、「お金の知識は子どものうちから必要！」とイベントを開催したり、教材なども販売・提供していたりもします。と同時にいつしか、「金融教育＝投資教育」にもなってきているような現状もあります。

だけれども、子どもに株の話をしても響くものでしょうか？「今後、年金受給額が減少するから、資産運用をして老後のためにお金を増やしましょう！」と言われても、子どもたちは「明るい未来が待っている！」「未来が楽しみ！」となるものでしょうか？

投資や資産運用のことであれば、ＡＩや金融のプロが教えてくれるでしょう。でも、人生において本当に大切なことって、誰が教えてくれるのでしょうか？　担任の先生？　進路指導の先生？　部活のコーチ？　該当するかもしれませんが、全て押し付けるのはナンセンスです。なぜなら、今後ますます少子化は進み、さらに少ない人数で回る社会を作らないといけないからです。

私たちが家庭内、地域のコミュニティ内から伝えていくしかないと思っています。お金はただの紙切れでしかない、お金自体には価値がない、お金をみんなで貯めても意味がないということを。本当に大切なことは、これまで書いてきたようなものです。

「お金は、ありがとうの対価であるということ」

「お金というアイテムを通じて、人と人とが支え合う社会が作られているということ」
「自分ではできないことをお金で誰かに解決してもらい、自分が誰かのできないことをお金をもらって解決し合うこと」

これが、お金の本質であり、社会や経済の本当の仕組みです。「金融教育」の「金融」の字をよく見てください。「お金を融通し合うこと」です。〝お金に余裕のある人が、足りない人に融通してあげること〟とも解釈できます。

このように、融通し合うことで、社会に新しいものが生み出されたり、誰かが幸せになることにつながる、このことが本当の金融の目的です。

お金を得たいのであれば、誰かの悩みを解決したり、人の幸せに貢献することが重要です。なぜなら、お金は誰かの役に立っていてその対価としてもらえるからです。そして、自分の夢をみんなの幸せにつなげられたら、協力してくれる仲間や応援してくれる大人も増えるに違いありません。

「どのような人生を送りたいですか？」
「どのような社会で生きていきたいですか？」

「あなたはどのような状態が幸せですか？　心地よいですか？」

お金は生活をしていく上で、必要不可欠です。ただ、それと同じくらい大切なことは一人一人が「経済的な安心感を得て、人と人とがつながりを感じながら、自分の本当の幸せな状態」をわかっていることです。

とはいっても、そのような状態は簡単には見つからないかもしれません。人によって価値観、基準は変わってきますから。でも、時の流れで考えは変わっても良いのです。ごく自然な現象です。


だからこそ、お金の増やし方や稼ぎ方だけにとらわれずに、自分や家族にとって何が大切なのか？と自分自身と対話する時間を、時折設けていただきたいのです。

一人だけの力で世の中を変えることは、難しいかもしれません。けれども、周りの人と力を合わせると大きな力につながるはずです。経済的な心配がなく、自分の夢や目標に向かって行動している大人が増えたら、素敵な社会になります。子どもたちにも希望を与えることができます。

本書を手に取ってくださったあなたと子どもたち、大切な人々みんなが自分らしく幸せに生きていけることを願っています。そんな社会をみんなで作っていけたら、これほど幸せなことはありません。今日からあなたもその一員として……。

本書作成にあたりお力添えいただきました皆さまに感謝申し上げます。『きみのお金は誰のため』著者の田内学さん。田内さんとご著書に出会えて人生が変わりました、恩人です。

「大丈夫！　できる！」といつもエールをくだった長倉顕太さん、毎朝の朝活で「目標設定の大切さ」「継続力がもたらす未来」について教えてくださった山中恵美子さん、企画の段階から私の可能性を信じて二人三脚で2作連続著書を作り上げてくださった編集担当・杉浦博道さん、えみちるの仲間たち、投資の学び舎のスタッフ&受講生、「書籍ワクワク応援団」のみんななど、挙げたらキリがありません。本当に皆さまのおかげです、いつもありがとうございます。

最後になりますが、経営者、教育者、講演家、著者、大学院生、投資家、色々な顔を持つ私をどんな時でも応援してくれて尊重してくれる夫、両親、本当にありがとう！　これからもどんどん新しいことにチャレンジしていくので、見守っていてください！

そして最後に最愛なる娘へ

この本を書こうと思ったのは、「あなた」がきっかけです。あなたはいつも私にきっかけを与えてくれています。私が会社員を卒業しようと思えたことも、会社を設立しようと思えたことも、著者になろうと思えたことも、何より一度きりの自分の人生をやりたいことに向かってチャレンジしようと思えたことも、全てあなたがきっかけです。あなたがいなければ、今の私はいません。

生まれてきた時は、こんなにも小さくて儚い命を守っていけるのか？　不安でいっぱいになっていた頃を昨日のように思い出します。育児書やネットを見ては、「成長が遅れているのではないか？」「どこか異常があるのではないか？」と常にあたふたしていた時期もありました。でも、いつしか肩の力が抜け（今は抜けすぎているのかも）あなたを誰とも比べることなく、一人の人として接することができています。

最初は、過去の私のように「お金には振り回されない人生を歩んでほしい」と思っていましたが、方向チェンジです！　もちろん、この本を理解してくれたらとても嬉しいですが、どんどん小さな失敗をしてもらおうと思っています。

なぜなら、失敗から学べることの重要さを、誰よりも失敗をしてきている私が知っているから。世間一般では、模範になるような母親像ではないけれども、あなたの傍でいつも笑うことは誰にも負けません。

いつも成長するきっかけを与えてくれてありがとう。これからも一人の人としてよろしくね。あなたのことが大好きな母より。

櫻井かすみ

Special Thanks

本書作成において、多くのディスカッションの場を設けました。こちらは貴重なご質問やご意見を寄せてくださった方々です。皆さまがいらっしゃったからこそ、本書はより高い完成度で、自信を持って世に送り出すことができました！　この場を借りて厚く御礼を申し上げます。

山中恵美子さん
朝活コミュニティ「えみちる」
栗林真由美さん（まゆみん）
育休コミュニティ「MIRAIS」
渡辺　愛さん（応援団リーダー）
肆矢愛子さん（応援団リーダー）
川口まきこさん（応援団リーダー）
蘇武貴美子さん（応援団リーダー）
桃川あいこさん
うくりえさん
多田啓二（ただっち）さん
白井智恵美さん
戸田真澄さん
ゆーこりんさん
織田ひの香さん
山田真理子さん
佐藤富太郎さん
佐々木伸さん
こりんさん
清水聡さん
世界のよしこさん
岩崎ひろこさん
引き寄せ子育て協会
かけはしともみさん
Mariko YAMADAさん
キムシゲさん
宮澤与有子さん
精神科医さわさん
高橋公男さん
ミライマ
珈琲大魔王さん
高橋一彰さん
宮本尚実（なおみん）さん
小林ふみさん
FP若杉惠さん
高木章裕さん
いわじゅんさん
カトリーヌさん
朝倉浩之さん
こんちゃんさん
村田藍子さん
藤川里奈さん
社長の学校「MYVIS」
「M Creative® Academy」

母が子に伝えたい
大切なお金と社会の話

2025年4月29日　第1刷発行
2025年5月29日　第2刷発行

著　者　櫻井かすみ
発行人　川畑 勝
編集人　中村絵理子
編集担当　杉浦博道
発行所　株式会社Gakken
〒141-8416　東京都品川区西五反田2-11-8
印刷所　三松堂株式会社

●この本に関する各種お問い合わせ先
本の内容については、下記サイトのお問い合わせフォームよりお願いします。
https://www.corp-gakken.co.jp/contact/
在庫については　Tel 03-6431-1201（販売部）
不良品（落丁、乱丁）については　Tel 0570-000577
学研業務センター　〒354-0045　埼玉県入間郡三芳町上富279-1
上記以外のお問い合わせは　Tel 0570-056-710（学研グループ総合案内）